伊勢神宮

桜井勝之進

内宮御正殿前でのお白石奉献（伊勢新聞社提供）

皇大神宮別宮・荒祭宮（以下の写真は神宮司庁提供）

皇大神宮別宮・月読宮の四宮

豊受大神宮別宮・多賀宮

川原大祓

道敷の上を進む遷御の御列

遷宮・御飾（祭主と大宮司以下の神職たち）

遷宮・奉幣（祭主に初献の御酒をお勧めする）

内宮の森と五十鈴川
左上に宇治橋が見える。

宇治橋の擬宝珠の銘
御裳濯川御橋、元和五年などの文字が見える。

大祓（おおはらい） 6月と12月の恒例の大祓のほか、重い祭儀の前月末日には、五十鈴川のほとりの祓所で大宮司以下全神職が大祓をうける。

御祭文を奏上される勅使

神嘗祭と新嘗祭に奉献される稲穂　古代の懸税（かけちから）の伝統にならって、内玉垣に奉献される。左端の大きな紙垂（しで）のつけてあるのは天皇お手ずから刈られた稲の初穂。

諸員奉拝　祈年・神嘗・新嘗の三祭にて幣帛奉献の儀の終わりに当り、勅使以下及び祭主以下の諸員が太玉串を内玉垣御門前に奉ったのち八度拝を行う。

御饌殿　雨のときは、この床下に着座して祝詞を奏上する。向かって左は内玉垣、右は外玉垣。

御塩焼所（左）と御塩汲入所（右）　二見の浦の松林の中にある。御塩浜（塩田）でとれた濃度の高い塩水を吸入所に貯えておき、これを御塩焼所の平釜で煮詰めると荒塩ができる。

はしがき

これまで伊勢の神宮のことはいろいろの方面から研究もされ、また世間にもひろく紹介されている。古いところはさておいて、ここ二十年ばかりの間の出版物をみても、それはかなりの数にのぼっている。そしてこれらはおおむねわが国の政治や思想あるいは建築などの歴史の中で伊勢の神宮の占める重みを追求し提示しているのであって、その方面では、いまさら私などが付け加えることもない。

ところが意外なことに、神宮の祭りに中心をおいて書かれたものはあまり見当らないようである。個々の祭儀についてはすぐれた論文もあるし、また専門書としては、たとえば阪本広太郎先生の遺稿をまとめた『神宮祭祀概説』も公刊されているけれども、それらはきわめて限られた研究者の目にふれるだけである。

いうまでもなく神宮は上代このかた大御神を斎《いつ》きまつっているお宮であるから、そこにはまた祭儀の伝統も久しいものがある。ご鎮座のむかしから年々歳々繰り返されているこの祭儀こそは、いつの時代にも、わが至上の大御神とこの地上の生活とを結びつける唯一の絆《きずな》であった。私など年少の時をかえりみると、伊勢に神宮がおわしますことだけは教えこまれていたけれども、そこで朝な夕なに国家国民のためのとうとい祭儀がいとなまれていることなどは、恥かしい話ながら、つゆ知らなかった。おそらく、そういう祭儀がご鎮座このかた、絶えるひまなく行われていることをわきまえていた人は、いつの時代にも多くはなかったと思われる。しかし、人々が知ると知らないにかかわりなく、神宮においては、この国土に生きる限りのすべての人々のしあわせのために、ひたすらに祈りつづけてきたのである。このような、文字どおり連綿とつづいている絆《きずな》のあるということは、たとえそれに対する意味づけや評価は人さまざまであっても、すくなくとも厳然《げんぜん》たる事実であるから、私どもとしてはこれを広くお伝えする義務があるのではないかと、年来ひそかに考えてきたことである。

およそ民族的遺産とか伝統というものは、未来の創造にかかわるときにはじめて意味をもつものであるとすれば、祭儀の伝統もまた例外であってはなるまい。神宮でいとなまれている祭の伝統を明らかにし、さらに進んで、それが明日の日本とどのようにかかわり合うものかを、ともどもに考えてみることもけっして無用ではあるまい。

このたび学生社の鶴岡社長のおすすめに応じ、不敏をも顧みることなくあえて筆を執った動機は、じつはそんなところにあったのであるが、しかしやはり荷はおもすぎた。

二千年という年輪の厚味がそのまま残っているこの伊勢では、極端な表現をするならば、あらゆる伝承、あらゆる形象にわたって、触れるもの採りあげることの一つ一つが、この国に生きる者にとっての至上の大神の象徴でないものはない。このことは裏をかえせば、何を一つとりあげても、それを手がかりとして「お伊勢さま」への接近が理論的には可能であるということである。しかし、それはたまたま優れた筆者を得た場合の可能性であって、私などには及びもつかないわざであったことはいうまでもない。

一般に祭といえば見ばえのするショー的なそれが連想されるので、伊勢の場合にもそのような情景を期待されるならば、それはまったく裏切られるであろう。そうかといって、いわゆる秘儀というには当たらない。昭和二十二年このかた、神宮祭主としてご奉仕中の北白川房子さまのお歌に

かたじけな　おごそかにしてしたはしき
　大御祭も　今しつかへぬ

とあるが、このお歌には神宮祭儀のおもむきが端的に表わされていると拝誦する。そこで、このお歌そのままの実感を何とかして敷衍してみたいとつとめたのであるが、こと志とちがって、いたずらに詮索にすぎたり、あるいは思いもかけぬ過誤もおかしたことと思う。ひとえに不学のいたすところで、神徳を冒瀆するの罪を考えるとほぞを嚙む思いであるが、もし、万が一にもこの拙ない一書が機縁となって、神宮祭儀というものに大方の関心が払われることになるならば、それがせめてもの償いである。

それにしても、ペンが執れるのは奉仕から解放された夜間だけなので、予定はおくれにおくれて出版社には随分とご迷惑をかけたが、私の職分を諒察して気永に待って下さったことは感謝にたえない。その間、同僚の諸兄からはいろいろと教示をいただき、また、写真については渡辺義雄氏をはじめ株式会社大塚巧芸社および同僚塩井明その他の諸氏のご好意にあずかり、古墳関係の資料については関谷良男君の協力を得た。あわせ記して深く感謝をささげる。

昭和四十四年一月

著者しるす

改訂にあたりて

この度、学生社の鶴岡会長から日本の神社シリーズの全てにわたり版を改めたいが、伊勢の神宮については旧著者である小生に一任したいとの有り難い申し出をいただいた。そこで三十年許りも昔に書いたものを読み返してみたところ、大筋においてはおおむね旧著の編成のままとするにしても、きわめて重要な問題のいくつかについては、今から見ると考察の至らなかったための著しい疎漏が眼につくので、それらの箇所についてはこのたび稿を改めさせてもらった。たとえば「外つ宮」の解釈とか、「天照大神と日神の関係」などである。

またこの歳月の間には諸般にわたって変化もあり数字も変わってきたので、これらについては神宮職員諸氏に手伝ってもらって過誤なきを期したつもりである。また写真については大部分を神宮司庁弘報課の好意によって新しいものと取り替え、一部については皇学館大学神道博物館から借用した。

いずれにしても旧著は神宮禰宜在任中の執筆であったから、立場の変わった今となっては若干の加筆や訂正もさせてもらったことは勿論である。

ここに改稿の機会を与えられた鶴岡会長に謝意を表し、あわせて協力して下さった各位の芳名を記してお礼に代える次第である。

平成九年十一月

櫻井勝之進

協力者芳名　藤井昭彦、佐藤昭典、木村政生、八幡崇経、塩崎昇（以上神宮司庁）岡田芳幸（皇學館大学）

伊勢神宮——目次

一　お伊勢まいり

神風の伊勢

安見《やすみ》ししわご大君
高照らす日のみ子の
聞《き》こし食《お》す　御食《みけ》つ国
神風の伊勢の国は
　国見ればしも
　山見れば
　高く　貴し
　河みれば
　さやけく　清し
　水門《みなと》なす海も　ゆたけし
　見渡す　島も名高し（下略）　（万葉集　巻十三）

万葉歌人は伊勢の国の美《うる》わしく清らかな風光を、このようにうたいあげている。
この長歌の冒頭でもわかるように、そこは、一つには天皇の御食料の供給地であり、また一つには、神風の国すなわち大神の神徳の立ちこめる国であったために、いよいよ慕わしく尊いところとして、あこがれを誘ったのであろう。都の人たちのこういう強い憧憬《しょうけい》は、かの持統天皇（在位六八六〜六九七）の御歌に、さらによくあらわれている。

明日香の　清御原《きよみ》の宮に
天の下　知らしめしし
やすみしし　わが大王《きみ》
高照らす日のみ子
いかさまに念《おも》ほしめせか
神風の伊勢の国は
沖つ藻も靡《な》みたる波に
潮気のみ香《かお》れる国に
味凝《うまこ》り　あやに　羨《とも》しき
高照らす日の御子
（万葉集　巻二）

崩ぜられた天皇の神霊までも、神風の伊勢をお慕いになっていたことがうかがわれるのである。

しかし、現実のこととなると大宮びとが伊勢を訪れる機会は、さほどたびたびあるわけはない。ことに、大神の宮にまいるといえば、公のお使いとして参向するとき、あるいは天皇の御代がわりのあと、斎内親王《いっきのひめみこ》のお供をして伊勢にくだり、お祭りの時に参るとき、これより他にはなかったはずである。

度会《わたらい》の大河の辺《へ》の若歴木《わかひさき》　わが久《ひさ》ならば　妹《いも》恋ひむかも　（万葉集　巻十二）

度会の大河といえば今の宮川であるが、その大河の川岸にヒサキの若芽の萌えるころ、伊勢の神宮に参向した大宮人の感傷かと察しられる。

美《うるわ》しく慕わしい国とはいえ、伊勢はそれほどに都からは遠くはるかな国なのであった。

このような距離感覚は、一千年をへだてた江戸時代になっても、あまり変化はなかったようにみえる。

伊勢みち

伊勢へ行きたい　伊勢路が見たい　せめて一生に一度でも

きびしい封建の掟にしばられた庶民の切ない憧《あこが》れがここにはある。イセミチといえば遠いことを意味することば、と当時の辞典は教えている。

それほど遠いイセミチではあったけれども、やむにやまれぬ慕情は押さえがたい。今の世の海外旅行よりももっとわずらわしい手続きをしてでも、一生に一度はと出立したのである。

昔の人は二本の脚で歩くか、それとも馬か駕籠《かご》、どちらにしてもスピードというものはない。それだけに心身ともにのびのびと宿場宿場の泊りをかさねて伊勢路をたどった。遠ければ遠いだけに、まことにのどかな、そして詩情ゆたかな旅路であったろうと想像される。

それに比べると現代は何ともあわただしい。次の数字はそのことを如実に物語るものである（千人未満切捨）。

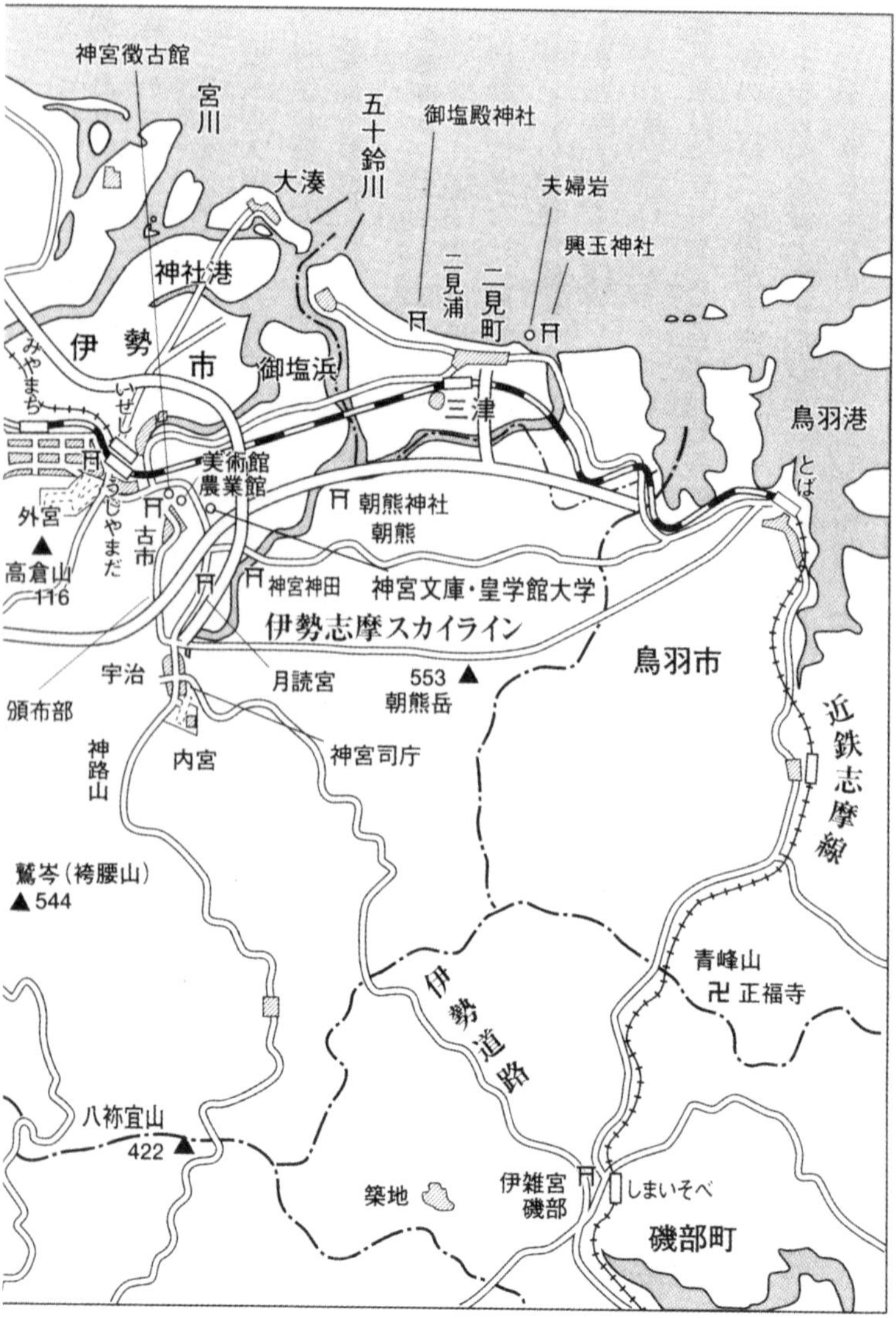

神宮徴古館
宮川
五十鈴川
御塩殿神社
大湊
夫婦岩
興玉神社
神社港
二見浦
二見町
伊勢市
御塩浜
みやまち
いせし
三津
鳥羽港
とば
美術館
農業館
朝熊神社
朝熊
外宮
古市
うじやまだ
高倉山
116
神宮神田
神宮文庫・皇学館大学
伊勢志摩スカイライン
鳥羽市
宇治
月読宮
553
朝熊岳
頒布部
神路山
内宮
神宮司庁
近鉄志摩線
鷲嶺（袴腰山）
544
青峰山
正福寺
伊勢道路
八祢宜山
422
築地
伊雑宮
磯部
しまいそべ
磯部町

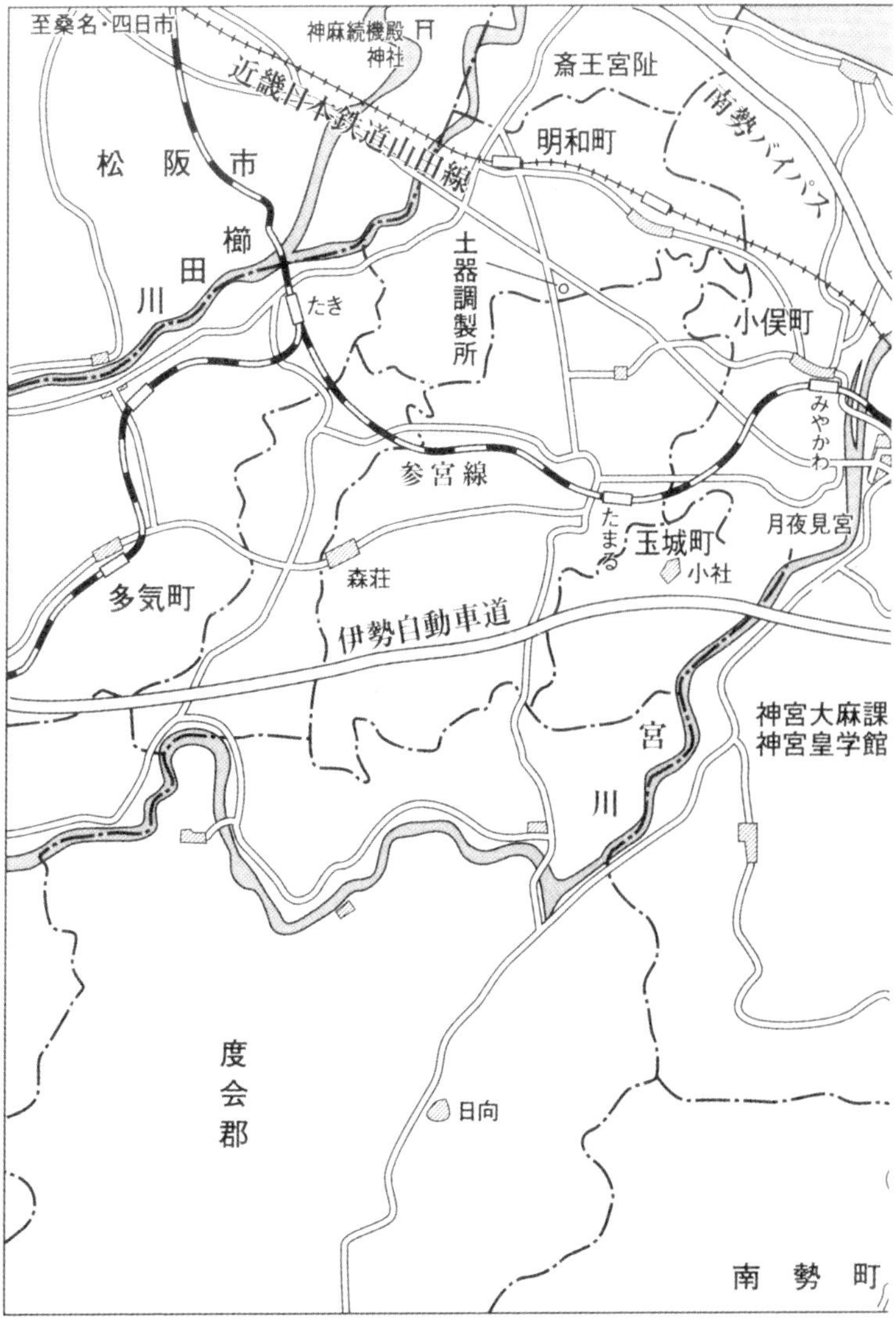
至桑名・四日市
神麻続機殿神社
斎王宮阯
近畿日本鉄道山田線
南勢バイパス
明和町
松阪市
櫛田川
土器調製所
たき
小俣町
みやかわ
参宮線
たまる
玉城町
月夜見宮
小社
森荘
多気町
伊勢自動車道
神宮大麻課
神宮皇学館
宮川
度会郡
日向
南勢町

年次	内宮参拝者	外宮参拝者
明治三〇年	六一〇(千人)	七五八(千人)
〃 四〇年	六七六	七四八
大正　六年	九〇七	一、〇四八
昭和二八年	二、四〇〇	二、四一九
〃 二九年	二、三六九	二、三四七
〃 四二年	三、〇三一	二、五四二
〃 六二年	四、〇八四	二、四七一
平成　七年	四、四五五	一、六九五

ほぼ十年乃至二十年おきに両宮の参拝者数を抽出してみたのが右の表である（戦争中など特別な年はあえて省いた）。

この表を一見してわかることは、明治以来昭和二十八年までは内宮よりも外宮の方が多かったのに昭和二十九年頃から少しずつ外宮の方が少なくなり同四十二年ともなると大きく逆転し、外宮は内宮の約八〇％、六十二年にはさらに約六〇％に、平成七年にはついに三八％にまで落ちこんでいる。

志摩地方の観光開発が急速に進展したこともさることながら、観光旅行社のバスツアーが一つでも多くの観光地をまわろうと企画することもあって、伊勢に足を留める時間が少くなった

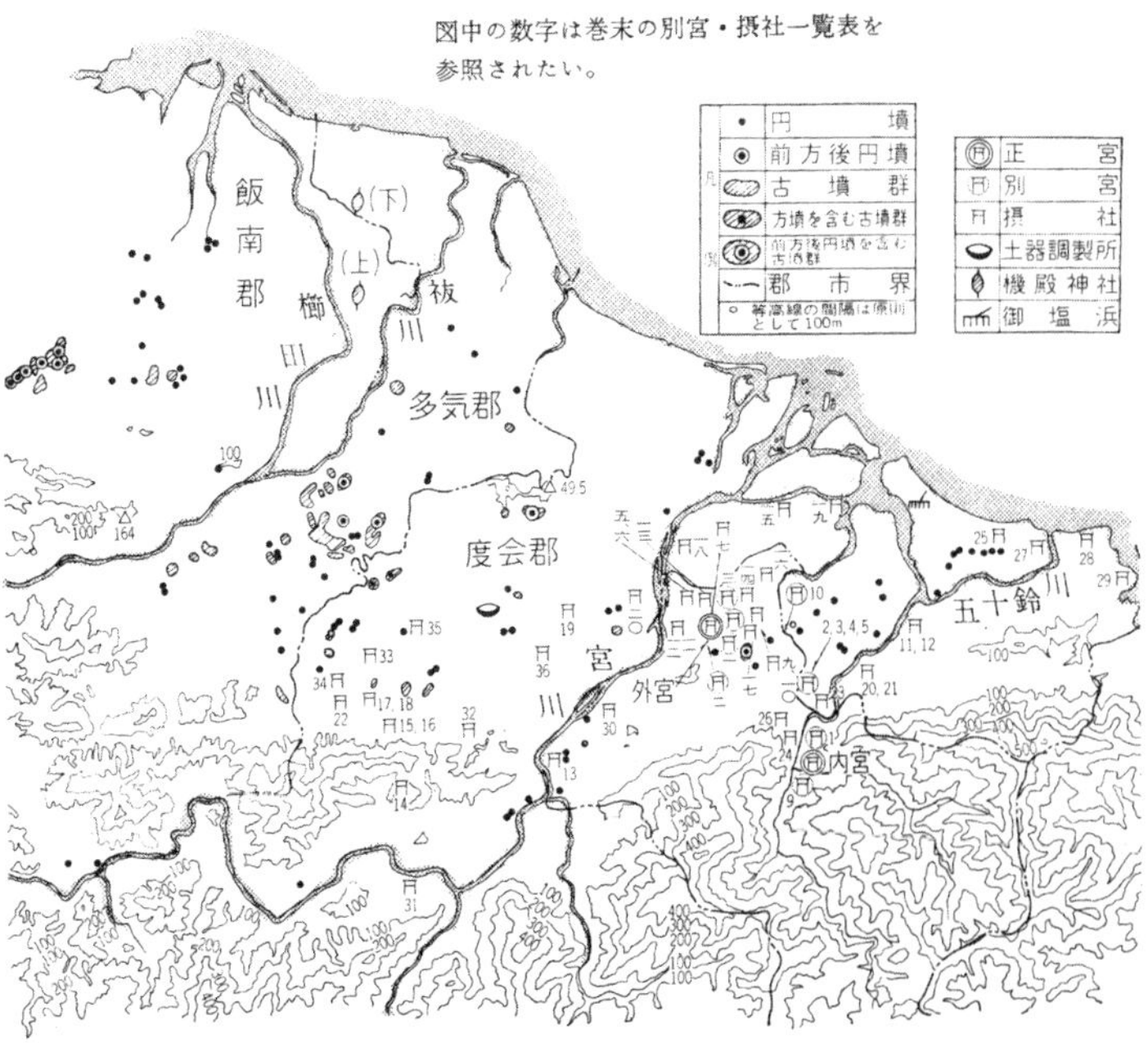

図中の数字は巻末の別宮・摂社一覧表を参照されたい。

ためと思われる。

宮川の渡し舟を下りて外宮の北御《み》門《かど》口へと向っていた往時を想うと、まさに隔世の感というべきか。

神堺

本居宣長と伊勢商人のふるさとで知られる松阪市は、遠い上代の伊勢神宮にとっては北の境界線であった。この市街の南郊を伊勢湾にそそぐ祓川は、もとの名を磯部川といった。それから東が大神宮司の管轄下にあった神郡で、飯野《いいの》・多気《たけ》・度会《わたらい》の三つの神郡で、上代は度会の国といった地域である。

この度会の国の南端に、「大神の宮」がご鎮座になったのである。今は近郊を合併して伊勢市ということになったが、その中の旧宇治山田市の区域は「度会の大河」宮川の南であった。都びとが勅使となって伊勢にはいると、まず櫛田川の西の下樋《したび》の小川で馬の鈴を止めて慎しみの情をととのえ、櫛田川を浮橋《うき》によって渡りさらに磯部川をこえていよいよ神堺にはいってきた。

その次の関門がこの宮川で、ここの「川原の祓《はらい》」は昭和までつづいていた。こういう自然の地勢、峠とか川などによって国郡の堺ができていた時代には、その堺を越えるたびに、大神の宮に近づく心用意をととのえるための、祓の儀式がおこなわれたものである。

それは近世の庶民の参宮道中でも同じであった。宮川で垢離《こり》をとるという風習は、当時の人々には深く泌みついた心がけであった。

自分の足で大地をふみしめて道中した時代には、こういう峠や川といった自然の堺が軽からぬ意味を持っていたのである。しかし、便利な車で一気に運ばれてしまうことにもなると、いよいよ神域を目前にするまでは「ただの世界」と「ただならぬ世界」とのけじめが、つけにくくなってしまった。

下乗札

外宮《げくう》では火除橋の前、内宮《ないくう》では宇治橋の前に、「下乗」と墨書した大きい制札が立ててある。おそらくこれに気づいている人は多くはないであろう。今日ならば「車止」とか「降車場」というペンキ塗りの制札の方が効果的かもしれない。いや、現実に最近ではそのような不粋な標札を立てざるを得ないこととなった。下乗札はごく最近まで「下馬」とあったので、これではとても制札とは見てもらえないだろうというので書きかえられたが、それにしても五十歩百歩、心ない者にとってはただのアクセサリというところかもしれない。だが、これこそはじつは人々がやっと車という近代的怪物から解放されて、生得の二本足で歩く人間をとりもどす大切な指標なのである。そのつもりで、この下乗札をゆっくりと見上げ、ひと息入れて神域への第一歩を踏み出す人も、たまにはいてほしいものである。

参宮の順序

神宮には内宮と外宮があるが、どちらから参拝するのが正式なのか。

内宮はいうまでもなく天照大御神《あまてらすおおみかみ》のお宮である。大御神については『古語拾遺』にも、

尊きことならびなく、ほかの諸神たちはすなわち子、すなわち臣にましまして、いずれも能くたぐえず

と申しあげている、至高至貴の大神でいらせられる。その意味では、まず内宮を第一としなければならない。

いずれ後でくわしく述べるけれども、御饌殿《みけでん》における毎日のお祭りでも、天照大御神にまずお供えを奉り、つぎに外宮にましします豊受大神《とようけのおおみかみ》にお供えするのであって、その時の祝詞《のりと》で申し上げるのも、この順序は動かない。

神宮最大の神事である二十年ごとのご遷宮でも、昔は内宮のご遷宮がまずあって、外宮のそれは翌々年に奉仕した。天正十三年(一五八五)から同じ年に行われることになったけれども、前後の別には変更がなく今日に及んでいる。

これらを基準として考えると、参宮の先後において、内宮が後になるはずはないのに、鎌倉時代の古い参詣記の類をみると、すべて外宮にまず参拝している。有名な坂十仏の『伊勢太神

忌火屋殿（内宮）

大御饌はすべてここで調理し，辛櫃に納め，向って左の扉口からお出しする。扉口の前に蕃塀（ばんぺい）が建ててある。前庭の石畳はその辛櫃を据える位置。

宮参詣記』（興国三年（一三四二）成立）などは、内宮と外宮ではそのご鎮座の年代に数百年のへだたりがあり、その前後関係とは矛盾するけれども、「参詣の次第によりて」まず外宮ご鎮座の由来を記述する、というような言いわけまでしている。

それでは、まず外宮つぎに内宮、というきまりが何かあるかというと、神宮第一の大祭である神《かん》嘗祭《なめさい》が、まさしくこの順序で行われている。六月と十二月におこなわれる月次祭《つきなみさい》も、二月の祈年祭も、おそらく神嘗祭にならったのであろうか、やはり外宮でまず奉仕するのが古来の定めである。

したがって、やんごとない斎内親王《いつきのひめみこ》の優雅な行列も、都から差遣される奉幣使のおごそかな行列も、宮川をわたってまず外宮に参られるのがきまりであった。こうした年中恒例のお祭りだけでなく、ことに平安時代にはまことに繁々《しげしげ》と臨時の奉幣使が遣わされたが、その臨時祭はいずれもこの次第によったのである。

こうして祭礼の度ごとに、まず外宮つぎに内宮へと、貴賤を挙げての大行列の参向が、年々歳々くりかえされているうちには、二十年に一度のご遷宮の順序とか、あるいはまた、御饌殿《みけでん》の奥深くで奉仕されている祭の次第にはかかわりなく、参宮コースの型というものが、いつしかできあがったものにちがいあるまい。

『延喜式』の規定によると、正月元旦に神宮の禰宜《ねぎ》たちが度会郡の役人らと一緒に宮川のほとりの大神宮司の役所に集まって、新年の拝賀式をおこなうことになっている。その朝拝《みかどおがみ》にさきだって、一同で神宮を遥拝する順序も、やはり外宮、内宮、諸宮というように決められていた。お役所方面では、千数十年の昔すでに遥拝の順序までもこのような型を作りあげていたことがわかる。

参宮の時　ところで、参宮というと今日では一年中を通じて絶え間のないのが何の不思議でもなくなっているけれども、江戸時代にできた俳諧の書物では、「伊勢参り」は春の季題になっている。蕉門の山本荷兮《かけい》（一六四八〜一七一六）には

春めくや人さまざまの伊勢参り

の発句があるし、横井也有《やゆう》（一七〇二〜八三）の『旅の賦』には

春は乗懸《のりかけ》の鈴鳴りて、浴衣染の花やかなるは参宮の都道者《どうしゃ》か

と、伊勢参りを春の旅の代表にあげている。

ところがもっとさかのぼって平安時代にはどうであったろうか。そのころの参宮というのは正月とか陽春などにはまったく関係はなくて、お祭りの日と限っていたようである。たとえば

参宮人十万貴賤を論ぜずかしこみ恐れ――

という記事は承平四年（九三四）九月十七日の神嘗祭《かんなめさい》当日のことであるし、

宮河洪水、参宮の人倫きそいて小船に乗り――

というのは、永久四年（一一一六）九月の、やはり神嘗祭の折のことである。

この時代にはまだ、祭りでもない常の日に神社に参詣するという習俗は庶民の間にはなかったらしく、神宮の記録をみても、参宮人のことは六月や九月の祭りとか、遷宮祭（これも当時は神嘗祭の日であった）などに限られている。

それでは祭日以外のときに参宮をするようになったのはいつごろからであろうか。

貴族にとって代わって勢威を振るった源頼朝が神宮を崇敬することときわめて篤かったことは、『吾妻鏡』をみても明らかであるが、かれが参宮をした記事は見あたらない。たびたび私領や金銀を奉献したけれども、すべてそれらは神宮の神主を御師として依頼したから、別に使者をたてたこともなかった。そして、参拝をしたいときには鎌倉に勧請した甘縄神明宮に参っていた

ようである。

常の日に堂々と参宮した者では、奈良東大寺の俊乗坊重源（一一二一～一二〇六）の一行あたりが、おそらく早い例の一つであろう。その日程をみると、文治二年（一一八六）四月二五日外宮参着。二六日には外宮神主度会氏の氏寺である常明寺において法楽を奉り、二七日内宮参向。こえて二九日には内宮神主荒木田氏の建立した天覚寺において内宮にたてまつる法楽の大般若経転読を執行した。この一行の参宮は天聴にも達した「大日本国東大寺」再建の祈請であるから、仏事とはいいながら公の儀式に准ずる気構えであったと思われる。

なおこの参宮は前年二月二三日の参宮において大御神の神示をいただいた結果とされているが、この日といえども神宮の祭日とは何の関係もない。

それから百年たった弘安九年（一二八六）に参詣した通海法印の『参詣記』も有名であるが、これも八月十四日という平常の日であって、まず外宮次に内宮にとお参りをしている。かれは神宮の祭主（神祇官の高官）をつとめた大中臣隆通の子であったから、神宮についての知識は人並み以上のものがあったはずであるが、もはやこの時代には個人的な参宮が、祭日であろうとなかろうと頓着なく行われる風潮になっていたものであろう。

それにしてもまずは個性の強い有識者層からはじまって、おいおいに一般に及んだものと考えられるが、今はいささか発端を顧みるにとどめて先を急ぐことにしよう。

二　高倉山のふもと

高倉山

櫛田川と宮川とが造りあげてくれた沖積平野のひろびろとした田園を横ぎって伊勢市に近づくと、遠く大台が原の方から伸びてきた山並みが、だんだんとなだらかな姿をみせて眼の前にせまってくる。この山塊の先端が標高一一五メートルの高倉山である。昭和三四年に襲った伊勢湾台風の直後には、まるで歯の欠けた櫛のように見るも無残な形相を呈していたものであるが、十年も経てようやく円かな樹冠を回復しはじめた。一般に外宮《げくう》と申しあげる豊受大神宮は、この山の麓にご鎮座なさっているのである。

古い案内記をみると、日鷲山、音無山、高佐山、藤岡山、などという名がいくつか見えているが、それらはみなこの高倉山の部分部分の名どころだそうである。

たとえば

松やあらぬ　風や昔の風ならぬ
　いづれの秋か　音なしの山　　『夫木集』

この音無山とは、外宮のすぐ前の山のこと。

世々を経て　汲むとも尽きじ久方の
天より移す　をしほ井の水
（『風雅集』）

この「忍穂井」というのはもっぱら神供の御料として用いる泉である。このお水は昔、度会神主の遠祖が高天原から授けられて日向の高千穂の峯に持ちくだり、つぎに丹波の天《あめ》の真名井《まない》に移され、豊受大御神《とようけのおおみかみ》の伊勢遷祭とともにここに移されたという伝承がある。この歌はそのことを詠じたものであるが、所在は高倉山の西北端にあたる藤岡山の裾である。

高倉山

日鷲山というのは高倉山の最高峯にあたるところで、ここにいわゆる「天の岩戸」がある。中世の学者たちは、伊勢津彦の窟《いわや》であるとか、伊勢津彦を信濃の国へ追放し給うた天日別命《あめのひわけのみこと》の神霊のまします所とか、あるいは「諸神ここに集まり、仙客常にきたる所」など、いろいろの故事来歴を説いた。ところが近世になるとどうであろう。天の岩戸と名づけてしまった。天の岩戸とさえいえば、天照大御神がおこもりになったあの神代の物語を誰でもすぐに思いおこすことができた。

近世とは、神話がそれほど庶民の身近にあった時代なのである。

外宮の参詣をすました人々は、案内人のあとについて天の岩戸におまいりする、というのが道順にまでなってしまった。灯明をあげさん銭を投げて拝む人が跡をたたなかったらしい。ついには岩窟のそばに神殿まで建てた時代もあったという。

寛永のころ、頭のよいのがいて、小さな杉苗を参詣人に売りつけ、そこらに植えさせたという話も伝わっている。その商魂は小憎らしいけれども、造林の功は認めてよいかも知れない。

さて、今日ではもはや小学生でも、これが度会地方には珍しい前方後円墳の廃址だと知っている。かつての参道も荒れてしまったが、それがまたかえって悪童どもの隠れ遊びの〈仙窟〉になりかねないので、近来は鉄条網ですっかり囲んで立入禁止となっている。ときには考古学者が訪れることもあるけれども、遺物はもはや何もないし、羨道もすっかりこわれている。天の岩戸時代の散銭らしい穴明き銭が、朽ち葉の下から出るのが関の山である。

高倉山古墳	墳丘及び石室各部数値						現状数値		
	墳丘	玄室			羨道			比	
	メートル	奥	中央	入口	奥	中央	入口	玄室：羨道	玄幅：全長	玄幅：玄長
全長	三二（径）	九・六（東側）			九・〇（東側）			一〇〇：九四	一八：一〇〇	三四：一〇〇
幅		三・三	三・二	三・〇	一・九	二・二	二・六			
高さ	八	三・六	四・四	三・五	二・八	二・九	不明			

〔三重大学、歴史研究会機関誌「ふびと」一九六五年九月発行（二四号）〕

この高倉山に隣り合って前山という宮域林があり、その南は内宮ご鎮座の神路山につづいている。昭和四三年の二月ごろであったか、外宮の宿衛長を勤務した夜のことであった。深夜に交代する宿衛員の一人が参道で猪に追いかけられたことがある。翌朝そこへいってみると、なるほど参道脇の木かげに大きな野獣の足あとが、霜柱の中に点々とつらなっていた。高倉山の麓には、いまもなお太古が文字通り息づいているのである。

清盛楠

外宮の神域には二つの入口がある。表参道と北御門口《みかどぐち》の二つで、徒歩で参宮した時代にはこの北御門口が宮川の渡からの道順であり、しかもこの近辺が神主や御師《おんし》の館《たち》の集まったところであったから、表参道よりもはるかに賑わったらしい。ところが明治三十年に参宮鉄道山田駅（今のJR伊勢市駅）を表参道のま正面に設けてから状況は一変した。

下乗札の立っている前で車をすてるのだが、この広場はすでに宮域の内であるから、神宮衛《え》士《し》の見張所が設けてある。衛士はその名の通り宮域警衛が本務であるけれども、この表見張所では車の取締り、参拝者数の調査などを始めとして、遠来の人々のためのよろず案内所の役割もしている。時には迷い子や落し物の世話までするといった、なかばサービス係もしなければならないのが実情である。

さて、そこにあるのが第一鳥居口御橋、通称火除《ひよけ》橋である。江戸時代には神域のすぐ近くまで民家が立てこんできたので、いつも延焼の危険にさらされていた。そこで、寛永、慶安、寛文などの各時代にだんだんと附近を整備して火除地―防火地帯をつくったのである。それが火除橋といわれる由来。

清盛楠

これを渡ると左に手水舎、右の方には太い楠の古木がある。むかし平清盛（一一一八～八一）が勅使として参向した折、その冠《かんむり》がさわったために枝を伐らせた、というので清盛楠とよばれている。

ある時バスガイド嬢の説明がふと耳にはいった。「清盛がおこって幹をまっ二つに切ったので、あの通り二つに裂けているのでございます」「清盛ならやりそうなこっちゃ」「そいで神罰があたったンか」などと団体さんは興がっていた。いやはや何とも冤罪を着せられたものである。

年表をくってみると、永暦二年（一一六一）四月に天変地妖の御祈りのため、参議平清盛は二条天皇（在位一一五八～六五）の宸筆《しんぴつ》の宣命《せんみよう》を奉じて参向している。その翌々年の長寛元年には六月と十一月と二度も御祈りのお使いに立っている。この平安という時代も半ばを過ぎるころには平安ならぬ時勢になり、臨時奉幣がしきりに行われたので、時には御一代に十数度も臨時祭が行われた。清盛はそういう国家の重大事の時に選ばれて大任を背負うたのである。このような重大な祈願のお使いとして伝説のような非礼不敬はおよそあり得ないことであるが、いかにもまことしやかに聞えるのは、やはり入道不徳のいたすところか。

そういうわけで清盛はおそらく神木の枝一本も伐りはしなかったであろうが、その子の重衡《しげひら》は何を血迷ったか奈良の大仏殿を炎上させる一大事をひきおこした。そこで再建の成功を祈願するため勧進上人俊乗坊重源以下六十人の東大寺衆徒《しゅうと》がうち揃って参宮したのは、さきにも述べたように文治二年（一一八六）四月のことである。これはきわめて特殊な人々の特殊な願意をもっての参宮ではあるけれども、古人がどんな用意をして伊勢に向かったかを知るために、その参詣記録は一つの参考になる。

彼らは出発前の三日間を通じて毎朝沐浴潔斎《もくよくけっさい》し、肉体と言語と想念の三業《ごう》にわたる慎しみをきびしくし、もっぱら一心を凝《こ》らして出発の日を迎えた。いよいよ当日となると全員まず清浄な衣服に着換えて大仏の宝前に参り、つづいて鎮守さまの手向山《たむけ》八幡宮に参拝し、心中に祈願をこめておいとまを告げ、さて行列を整えてはるかに伊勢をさして進発したと記している。四六時中み仏に仕えている清僧たちでさえ、いざお伊勢参りとなるとやはりこれだけの厳重な慎しみの日夜をかさね、その心用意を整えたということは知っておいてよい。

古人の心がけ

人間だれでも日常平俗の生活から一足跳びに神前に出るわけにはゆかない。時間をかけて、徐々に清浄な境地へと一歩一歩近づいていくよりほかはない。そういうことを考えてみると、神域の入口でまず御橋を渡るのは、俗界と清浄界の境界線を越えることであるから、うかつには渡れないのである。ここには昔、豊川という川があったけれども今はそのあとに堀をうがって流れをつくってある。神域というところは何かそうした区切りが必要なのである。

こうして第一歩を入れるとまず手水舎で心身を清め、はじめて第一鳥居、第二鳥居としだいに神前に近づくことになる。

外宮は近いからよいが、内宮は少し参道が長すぎる。もうすこし中まで車を入れさせてはどうか、などと神職に注文をつける人もあるが、とんでもない。バタバタと忙しい旅をしてきたのであるから、せめてこの参道をゆっくりと歩いて、神域の緑ではらわたをすっかり洗い清める必要があるのではないか。四季折々の鳥の声も聞えてくるし、わが踏む玉砂利の音に耳を澄ますもよかろうではないか。

寛文（一六六一〜七二）のころ、桑山丹波守という山田奉行の依頼によって外宮の神主がまとめた『神拝式』には伊勢神道の教えにしたがって、

情《こころ》を天地とひとしくし、想いを風雲に乗せ、もって心神を傷《いた》ましむることなかれ

と参宮前の心得を教えている。そしていよいよ神域にはいった時は

鳥居を入るときは拝をせよ
参道の中央を歩いてはならない
痰唾を吐くな
深夜の神拝は避けよ

などと、具体的な禁戒十条を挙げている。その中の一か条には

凡《およ》そ宮中にてはみだりに言語することなかれ

と『永正記』(一五一三)の掟をさらに敷衍して教えている。宮中とは宮域内をいう。

先年、愛知県のさる小学校長さんから、修学旅行で参拝したいが、何が一番大切かを教えてほしいと頼まれたので、この一条を児童に徹底させておいて下さいとお願いしたことがある。大へん効果があったと、旅行の感想文を送ってよこされた。近来は携帯電話を耳に当てながら参道をゆく若者さえあるが、ほかではけっして味わうことのできないものに心の耳を傾ける、そういう貴重なひと時をあえて拒絶している姿を見かけると、まことに気の毒にたえない。

現代の神拝式を書けとなると、私はさらに一か条を追加したい。それは、「およそ宮中にては、みだりにシャッターをきることなかれ」である。のべつ幕なしにシャッターをきっていたのでは、せっかくの参拝にも、カメラの眼だけのものしか捉えることはできない。道連れと雑談しながら参道を歩くのと同じ結果になるだろうと、惜しまれる。

筆者もよく参拝の案内をするけれども、拝礼が終わるまでは積極的な説明をなるべく遠慮することにしている。言葉で聞かせるよりも、神域の天地からじかに聞きとってもらいたいからである。

大神の外《と》つ宮《みや》

今日では外宮《げくう》といえば豊受大神宮を指すけれども、こういう使用例は『西宮記裏書』の昌泰二年(八九九)九月八日の条が初見とされる。そこで『古事記』の止由気大神の条に「こは外宮之度会に坐す神なり」とある「外宮之」は、何人かが「外宮也」

と書き入れをしたのがいつしか本文に誤入されたのだとして、最近出版される『古事記』にはこの三文字を削除したものさえ現われた。しかしたまたま誤入された写本のみが伝来したというのは腑におちない。ここは素直に「外宮」とはいずれの宮を指示したのかを検討することが肝要であろう。

賀茂真淵（一六九七〜一七六九）は「トツミヤとは常の大宮の外に別に建ておかれて行幸ある宮」と解し、本居宣長（一七三〇〜一八〇一）もこれに従い、『古事記』の外宮《とつみや》とは「天照大御神の外つ宮」と説いたが、この時宣長の念頭にあったのは疑いもなくイスズの宮であった。しかし、「垂仁紀」の創祀記事によると「天照大神の祠を立てる」とあり、宮の文字はまだ出てこない。これは祠すなわち祭場を設けたというほどの意であるから、それに対してのトツミヤはあり得ない。『古事記』が伊須受の宮と記すほどの宮殿は、持統天皇の御代にはじめて建てられるのである（拙著『伊勢神宮の祖型と展開』参照）。それまで大御神が常時奉斎されていたのは「度会の斎《いつき》の宮」と柿本人麻呂が詠じた多気の斎宮であった。すなわち斎王さまが常時奉斎なさっていたのである（続紀の文武天皇二年の条には多気の大神の宮とある）。

皇祖の大御神にどのように奉仕するのが妥当かといえば、如在の礼すなわち現身でましますお方としてお仕えするのが最高の礼である。それは天皇にお仕えするのと同様にすればよい。そこで朝と夕にお食事（御饌《みけ》）を供し、稔りの秋には天皇の新嘗にさきだって宵と暁の大御饌を祭場を替えてたてまつり、さらに六月・十二月には宮中の神今食《かむいまけ》にならって神嘗と同様の大御饌をくりかえすこととなった。これだけの大役は斎宮の役人の能くする所ではない。それは在地の有力な一族の奉仕にゆだねることが万全である。そこで白羽の矢が立てられたのが磯部の一統である。その本拠は高倉山の麓にひろがる扇状地であった。その水上の地に殿舎を設けて多気の大神の宮の離宮《とつみや》とし、ここで日日の供御を奉ることとしたのである。大御神のお相伴役は御食の守護神豊受大神である。今いうところの御饌殿は、まさにかつてのトツミヤそのものに他ならないのである。

和銅四年（七一一）磯部の代表者は度相《わたらい》の姓《かばね》を賜わり、いよいよ勤《いそ》しんだことであろう。度会系図に「二所大神宮奉仕」と注されたのはこの御饌殿奉仕のことをいうのであり、この注記は天武天皇の御世までで終わっている。

それではイソベ一族がそれまでにお祭り申しあげていた神々の社はどうなったのであろうか。一つの社会が中央の政権のもとに統合されその国家組織の中に組みこまれるならば、そこで祭っていた神々もまた国家至上の大神と何らかの神系あるいは神縁の神々として組織化されることは、たとえば出雲と中央との関係を描いた神話にも示されている。平安時代の記録によると、度会宮には相殿神三座、別宮高宮《たかのみや》一座、摂社十六座など多くの神々が陪従しておられる。これらの神々の中には新たに奉祀をうけられた神々もおいでになるだろうが、古くからイソベ一族がそれぞれの土地に氏神として祭っていた神々もふくまれていることであろう。外宮の域内に今も鎮座される摂社度会国御神の社、度会大国玉比売の社などは、その社名からしても直ちにそれと拝察される神神である。

何ごとの災害もなく、人々の情緒も安定した、そういう平安の中にこそ豊作という仕合せも生み出され、神々も悦んで御食《みけ》をお受け下さったにちがいない。真の豊年とはこの国の大神さまにご安心いただける世の中にほかならない。そのような世を乞い求める政の頂点は、ひたぶるな神祭りとして表現される。

はたして、雄略天皇のお夢に天照大御神の神示があった、と度会神主は伝承する。そのことは延暦二三年（八〇四）に度会宮で選上した『止由気大神宮儀式帳』にだけ述べられているのであるが、天皇に示された大御神のお誨《おし》えというのは要約するとこうである。

われ一所《ひとところ》のみ坐《ま》せばいと苦し。大御食《おおみけ》も安く聞こし召さず。（よって）わが御食《みけ》つ神、豊受大神をわがみ許《もと》にもが（わがみもとに祭ってほしいものだ）。

前述したように、度会の大神主は大御神を外つ宮に迎えて朝夕の御食をお供えしていたのであるが、そこに大御神の御食《みけ》の神、御食の守護神を新たにお迎えして、お食事の万全を祈ったのである。もとよりそのことは度会神主が決めたことではなく、朝廷の仰せごとによったものであり、その祭りの主体もまた朝廷にあったことは右の伝承からみても明らかなことである。やがて五十鈴の川上に大御神の宮殿が設けられることともなると、山田原にも御饌殿（外宮）のほかに、豊受大神をお祭り申しあげる大きな宮殿が設けられ、公のお宮として皇大神宮に次ぐほどの格を備えられたのであった。これが度会宮または豊受大神宮である。

三　日々の祈り

御饌殿《みけでん》

　御饌殿は北参道の方から拝しても、萱《かや》葺きのお屋根と千木《ちぎ》堅魚木《かつおぎ》が杉木立の間から見えがくれに仰がれるだけなので、あまりよく知られていないけれども、その建築様式は古代の高倉（床の高い穀倉）の形をのこしているといわれる。

　平入切妻であるが柱は使ってない。横板壁でもってかこみ、それだけでは屋根の重量が全部この壁にかかるので、東西に屋根を支える棟持柱《むなもちばしら》が一本ずつ使ってある。板倉造あるいは板校《いたあぜ》倉《くら》造り、俗に井楼造《せいろうづく》りともいわれるきわめて特殊な建築である。

　内宮にも外宮にも宝殿が二つずつあり、また、外幣殿《げへいでん》というのも両宮に一つずつあるが、昔はみなこの板校倉であったという。しかし現にこれを残しているのはこの御饌殿が唯一である。このことは正倉院などの校倉造とともに建築史の上でも貴重な参考となるらしいが、私どもは、神宮においてこの御饌殿だけがもっとも古い様式を留めているという事実に注目したい。さらにこの殿舎で特異なことは、南の正面だけでなく背面の北側にもまったく同型式の御扉がしつらえてあることである。正面から参入した神主は、御饌を供するにさきだって北の御扉を内部から押し開くことは今日も変わりはない。恐らくは、北方にあたる多気の斎宮（文武天皇紀二年の条にいう多気の大神の宮）から大神の来臨を迎えるこころが、この北の開扉にはこめられていたにちがいあるまい。この一事をみても、この御饌殿における大神に対する奉仕がいかに古い伝統をもつものかが窺われるのではあるまいか。

殿内には神座が六座設けてあるが、これは明治の新制によって、皇大神宮相殿神と両宮の別宮の神々の神座合わせて三つを加えられたためで、以前は東方に皇大御神、西方に豊受大神、少しさがって同じ西方に豊受大神宮の相殿神と、この三つの神座だけであった。さらに古くさ

御饌殿の板校倉

御饌殿

板校倉の構造と一木で出来ている刻御階（きざみぎょかい）が特徴である。

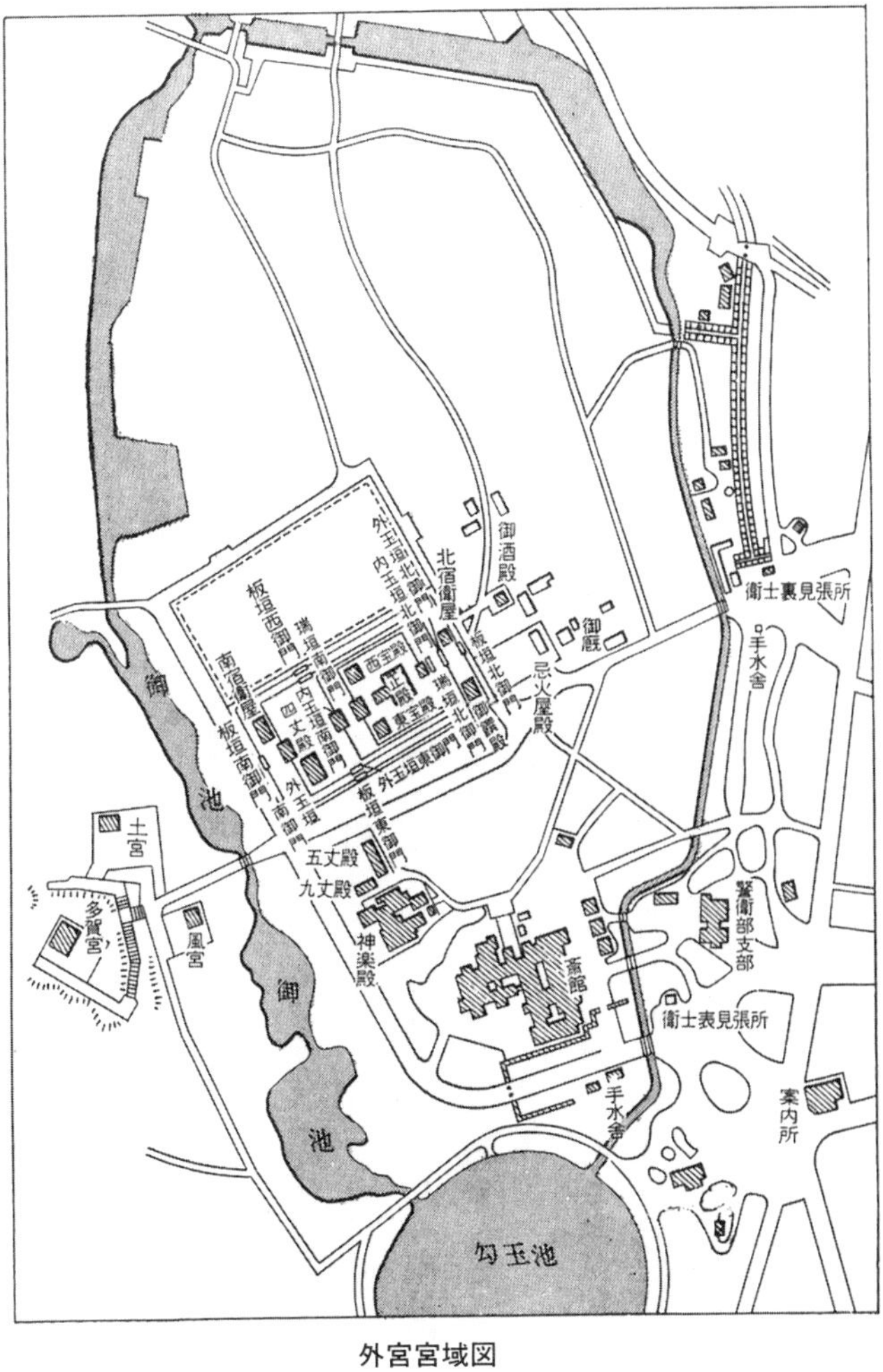
御池
御池
勾玉池
土宮
多賀宮
風宮
五丈殿
九丈殿
神楽殿
斎館
手水舎
手水舎
衛士裏見張所
衛士表見張所
案内所
警衛部支部
御酒殿
北宿衛屋
御厩
忌火屋殿
御饌殿
外玉垣北御門
内玉垣北御門
板垣北御門
瑞垣北御門
板垣西御門
瑞垣南御門
南宿衛屋
西宝殿
正殿
東宝殿
内玉垣南御門
四丈殿
板垣南御門
外玉垣南御門
外玉垣東御門
板垣東御門

外宮宮域図

かのぼると、相殿神の神座はなく「二所大神宮」の神座が相対して設けられていたことは『儀式帳』によって明らかである。そのみ前にお供えしたのは、

皇大御神　御水　二毛比《もひ》　御飯　八具　御塩　二坏《つき》
豊受大神　御水　二毛比　御飯　八具　御塩　二坏
同相殿神　御水　三毛比　御飯　十二具　御塩　三坏

で、これだけの御饌《みけ》を朝と夕の二回お供え申しあげていた。もっとも、正月七日には若菜の羹《あつもの》、十五日には御粥《かゆ》、三月三日には草餅《くさもち》といったように節日などには、宮中と同じように特別のお品を加えてお供えした。しかし明治の新時代を迎えると五節供の廃止でこれらのお供えはとりやめられ、右の三品のほかに魚類海藻野菜および果物など、四季折々の御贄《みにえ》（新鮮な御食料品）に神酒をも加えてこの朝夕の御饌を祭典として奉仕されることになった。

それにしても、やはり古来の三種の御料についてはいろいろと厳しいしきたりが今日も踏襲されていて、さすがに伝統の厚味が感じられる。伊勢のお祭りの儀式やそれに附随した行事、また行事とまでいえないほどの些細なしきたりなどの中には、いうなれば丹念に拭き込んだ道具類のような趣があって、なんの気取りもなく、わざとらしい構えもない代わりに、えもいわれぬ底光りがただよっているのに、ひょいと気がつくことがある。

一般には神宮というと雲の上のような厳《いかめ》しさだけが語り伝えられているのであるが、実際に中で奉仕していると、神さまにお仕えするというのはけっして冷厳なものではなく、誰かがい

ったように、ほかほかとあたたかいものに思えてくる。本書ではとうていそんな味わいを伝えることは覚束ないので、ここでは古人の奉仕の跡をたどることによって、その一端だけでも想察してもらうほかはない。

かまどに甑《こしき》をかけ、そこで飯《いい》を蒸しあげ、それを木の葉で編んで作った枚手《ひらで》に盛りつけて神前にお供えする。これは前記の「御飯《おんいい》」のことであるが、ここまでくるとマツリの最後の仕上がりの段階であって、種蒔きからここにいたるまでの全過程がじつはマツリなのである。こういう一年を通じてのマツリ(政)の中で、要所々々にアクセントがつくのが実際であるが、それが祭儀という姿で現われる。早春二月の最初の子《ね》の日というめでたい日を定めて、度会の禰宜《ねぎ》たちは、まずこの一年のマツリの最初の儀式を行った。それが御田始めであった。

御田始め

高倉山と前山の谷々の流れを集めた勢田《せた》川は伊勢湾へ向かって北流するが、この川がやっと平地に出たところに三町歩の御田は設けられていた。高倉山の真東で、ここならばおそらく上代でも水利に不自由はなく、また宮川の氾濫が及んでくるおそれもない、絶好の水田であったと思われる。近年まで約一町歩程度が御料田としてその面影を残していたが、近隣の宅地化で不浄の恐れが生じたため惜しくも廃田となった。

平安の初期には耕作の責任は度会郡司ということになっていたが、実際には度会宮《わたらいのみや》の禰宜《ねぎ》(神主の職名)がその一族の大物忌父《おおものいみのちち》という職掌の神主に托して耕作させていた。

御田始めの儀式は鍬《くわ》を作ることからはじまる。そこで禰宜はまず菅裁物忌《すがたちのものいみ》という役の童女らを引きつけれ御田の近くの山にのぼる。これは後に高神山《こうじん》とよばれた低い丘であるが、これを湯鍬山《ゆくわ》といった。聖なる鍬の柄を採取する山だからである。ここでまず山の口の神を祭り、つづいて櫟《いちい》の木の下で木本祭《このもと》を行う。当時のお供え物として金属の人形《ひとがた》、鉾、鏡各二十点、それに木綿《ゆう》、麻、いろいろの贄《にえ》や神酒などがあげられていて、これらの準備だけでもかなりの心遣いを要したものと思われる。人形以下の三品は祓の意味をもつといわれる。

この二つの祭りが終わると、はじめて忌斧をもってその櫟を伐り、これで忌鍬《ゆくわ》をつくる。でき上がると禰宜以下一同はマサキのかづらを冠に付け、菅裁物忌《すがたちのものいみ》を先頭に立て、忌鍬を捧げて山から降ってくる。

菅裁物忌は御田の畦に立って、まず東に向かって忌鍬《ゆくわ》を打ちおろし、耕し初めをする。次に、忌草《ゆくさ》の忌種《きだね》すなわち稲種の蒔き初めをするのである。それが終わると一同は耕作と田植えの所作事《しょさごと》をするが、これは今蒔きつけた忌種がめでたく成育して、こんなふうにさかんな田植えができますようにという願望を、言葉ではなく動作によって祈ったものと思われる。さらに一同は田舞《たまい》を舞って豊作を祈願し、直会《なおらい》をいただいて御田始めを終わるのであった。

度会宮の神主たちはもとよりのこと、郡内の農民たちも、この御田始めの祭りが終わらないうちは絶対に種蒔きをしなかった。御田始めの祈りはたんに度会宮だけの儀式ではなかったからである。そして、この年祈《としごい》の祭りをすませないでは苗は育つはずもなく、この国の豊年を期待することはできなかった。禰宜に代わって忌鍬を打ちおろす童女菅裁物忌《すがだちのものいみ》は、こうした日本の国中の祈りを一身に背負って儀式を奉仕したものにちがいない。それは、この国の至上の大神におよろこびいただき、安らかに大御食を召し上っていただくためのマツリゴト始めの儀式であった。（この御田始めの祭儀はほぼ内宮の神田に今は受けつがれている。）

ところで、この物忌《ものいみ》の職名をなぜ菅裁《すがた》ちとよぶのか。神宮には後でおいおい述べるように物忌という職掌の童女や童男が昔は数多くつとめていたが、御塩焼物忌とか御炊物忌とか、その職名を一見しただけで職務の内容がすぐにわかるのが一般であった。ところがこの菅裁ちだけはよくわからない。あるいは、菅《すげ》の生い茂った沼沢を水田に開発するための仕事、菅断《た》ちの意味ではないかと考えた人もある。そういわれてみると、毎年の耕作はまず菅生を刈るいとなみから始めなければならない時代があったのかもしれない。

御田植え始め

地元の青年たちが古儀のままに奉仕する。

　祭儀として二月の御田始めの次に行われるのは四月の御笠神事で、これは風雨旱害をまぬかれるようにとの祈りであったが、しかしマツリゴト全般には一日の間断もゆるされない。そのことを、

　春の時より秋の時にいたるまで、斎《いわ》い敬《つつ》し
　み、田作り奉る

と古人は記述している。不断の斎敬をともなう

土器調製所

土師器作物忌の昔から有尓郷の人が奉仕している。

生産活動、これこそ上代人のマツリゴトの内容であったと理解される。

祭儀の分担

マツリゴトがそうであるのと同じ意味で、一つの祭儀も多勢の協力なくしては奉仕ができない。そこに分担がおこる。

朝夕の御水や御塩を盛る土器は、だれがどこで造ったかをまずたずねよう。

黙々として粘土をこね、先祖が造ったのと同じ形を手づくねで作り、天日で乾《かわ》かし、窯で焼きあげる、この地味な仕事を受持つのは麻続部《おみべ》氏の一族であった。この氏族は宮川の北方から櫛田川の南方にかけて居住していたらしく、その多気郡に住む者たちがこの土師《はじ》器の技術をもって、飯野郡に住む者たちが機織りの技術をもって奉仕していた。

代表としてあげられているのは菅裁と同じくやはり童女で、土師器作物忌《はじのうつわつくりのものいみ》といったが、実際はその介助者である土師器作物忌父が当ったのであろう。のちに物忌はおかれなくなって土師作の内人《うちんど》と職名はかわったが、前後を通じて多気郡有《う》尓《に》郷において年中の祭儀用の土師器を造って内宮と外宮に供給した。平安の初めごろでその総数は年間に三二六〇個、近世になると年間四万個を調進したという。

現在、県道松阪鳥羽線のすぐ傍《かたわ》ら、外宮から約八キロの所に土器調製所という施設を神宮で設けているが、ここが往古の有尓郷蓑村《みの》(今は明和町大字蓑村)で、今もこの里の農家の人たちが昔ながらの手法でこの古拙ゆかしい土師器を調進しつづけている。

かつてはこの土師器のほかに、磯部一族の中に陶器《すえのうつわ》を作る人々がいて、陶器作《すえのうつわつくり》物忌と同父とがおかれていたが、この新しい技術の方はどういうわけか早く絶えてしまった。

北御門口から正宮の方へ進むと、参道の右手、正宮の北の方に毎朝屋根から煙の立ち昇る板葺きの殿舎が木立のかげにみえる。これが御饌《みけ》をお調理する忌火屋殿《いんびやでん》である。

御饌と御水

昔は御饌炊殿《みけかしきどの》といったように、忌火をもって御食《みけ》を炊《かし》ぐことが大切な仕事で、忌火すなわちとくに神事にだけ用いる火であるから、今日でも日常と同じような発火具はここでは用いない。木と木を摩擦して火をきり出す特別な火《ひ》鑽《きり》具が使われる。静岡県の登呂遺跡から発掘されたものと同じ形式の道具が、神宮では今も毎日の必需品なのである。

この御炊《みかし》ぎの役目は度会神主の担当するところで、その一族の童女を御炊物忌《みかしぎのものいみ》に宛て、物忌父に手助けをさせた。父の方は朝夕の御飯《おんいい》合せて五六具を盛るための器として、木の葉を綴じ合わせた枚手を毎日五六枚ずつ作るのが第一の仕事。忌火をきり出したり御水を汲んでくるのも多分この父の仕事であったろう。御水は例の天《あま》の忍穂《おしほ》井《い》とよばれる藤岡山の麓の御井からいただくので、この御井の清掃とか、御井と御炊殿との往還の道百二十丈(約三六〇メートル)と橋を清

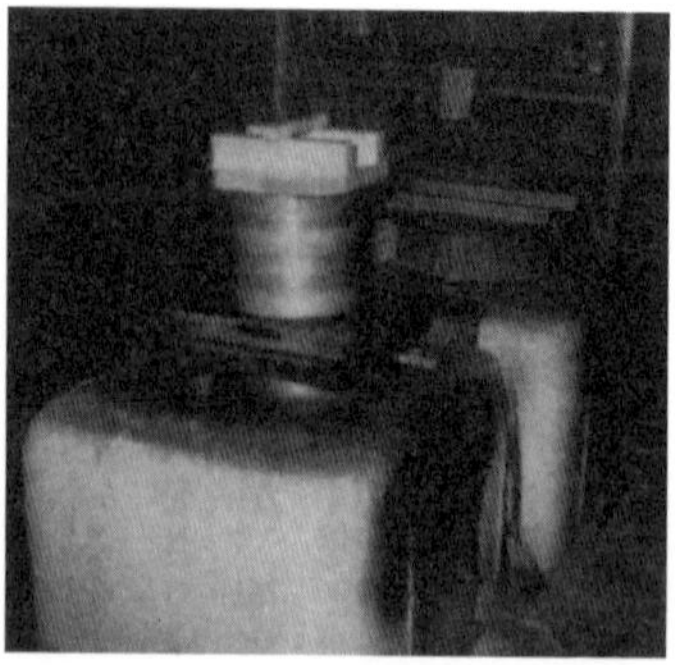

甑(こしき)にて御饌を炊ぐ（忌火屋殿）

掃修理することなどもかれの担当であった。

この御井はやがて御井の神の社として祭儀の対象とまでされることになったのをみても、古人がどんなに敬重したかがわかる。今日では豊受大神宮所管社の一つとして上御井《かみみい》神社と申しあげ、本宮の祭儀の時にはひとしく祭りを奉仕している。この御水を「汲み奉る」ときには神職が浄衣を著用し、御鍵をもって御扉を片側だけ開き、柄杓をさし入れて手桶に汲ませていただくことになっている。昔の人は、このとき自分の影を御井の水面に落と

火鑽具で忌火をきる

外宮では毎日，内宮ではお祭りのたびごとに，これは権彌宜の重いつとめの一つである。火鑽具は臼の部分がヒノキで杵の先端にはヤマビワの木を挿入してある。

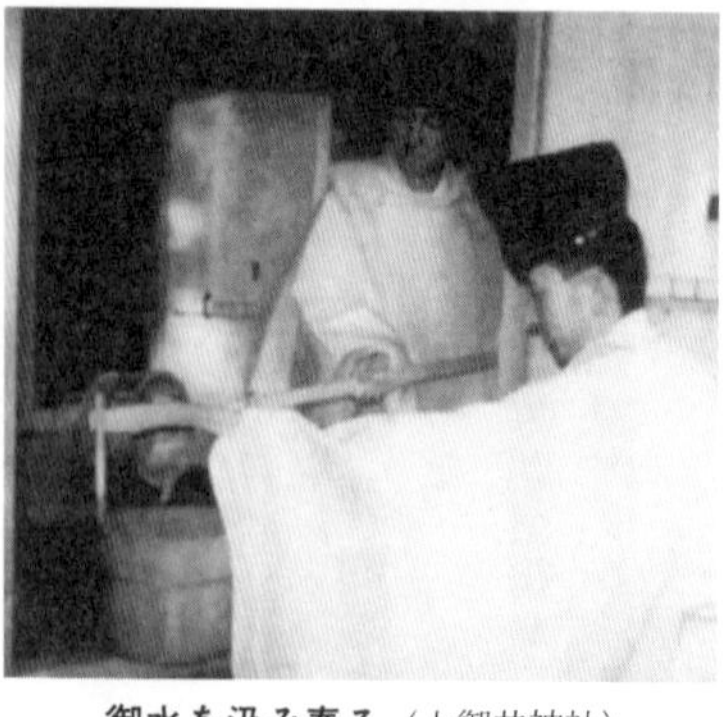

御水を汲み奉る（上御井神社）

してはならないとも言い伝えた。

　　　　二見潟　神さび立てる御塩殿《みしおどの》
　　　　　幾千代みちぬ　松かげにして

御　塩

　この作者鴨長明（一一五三～一二一六）が杖をひいたのは、かの判官義経奥州下りの時代かといわれるが、そのころと同じ所に同じ風景が今も見られるのがこの御塩殿である。御塩焼きもまたその昔は度会神主一族の担当するところで、御塩焼物忌とその父が担当者であった。清渚《きよなぎさ》の異名をもつ清らかな二見の海の汐を汲んで、これを御塩焼所の平釜で煮つめて荒塩につくり、御塩殿《みしおでん》ではこれを御塩堝《みしおつぼ》という土師器に詰めこんで釜で焼き固める。こうしていわゆる堅塩ができるのである。これらの過程で使う薪もそうとうな量にのぼったであろうが、その山を御塩山といった。

　二見郷は近世の初めに隣の鳥羽の領主に犯されたために、神宮ご鎮座以来の伝統をもつこの御塩焼きに支障をきたした時期もあったけれども、二見郷民の熱心な神領回復運動のおかげで旧に復した。二見では御塩役人を定めて伝統を受けつぎ今の世に伝えてきた。塩田式の製塩もめずらしくなった今日なお古来の堅塩の製法まで留めているのは、こうした代々の神領民たちの神忠によるのである。これは独り御塩焼きだけではなく、あらゆる伝統の存するものは、幾たびかの危機を懸命の祈りによって克服してくれた名もなき人々のおかげに他ならない。

　近年この御塩殿において尊い伝統の神事がつづけられていることがようやく注目をひき、人間生活に一日も欠かせぬ塩の製造販売に関わりの深い業界の人々が御塩殿神社崇敬会を組織し

御塩殿神社と御塩殿

このうらはすぐに二見の清なぎさである。

御塩焼き固め

て、毎年秋十月の祭儀には全国各地から参詣することになった。人々の食卓にのる純白の食塩とちがって、大御神に朝夕お供え申しあげる堅塩は黒灰色であるが、この原始的な御塩にはこうして国民的な祈りが、あらためて籠められることになったのである。

外宮の斎館の裏手に御塩橋《みしおばし》とよぶ石橋がある。二見の御塩殿から辛櫃《からひつ》に納めた御塩を搬入するときには神職がそれを奉護してくるのであるが、その道筋は古くからの御塩道を通り、この橋を渡って斎館に舁き入れる定めになっていた。しかもこれは御塩護送以外のことには通行してはならない橋とされる。それは御井にゆく通い路が、俗人の通行をゆるさないのと好一対である。

禰宜《ねぎ》と大物忌

外宮の禰宜は度会《わたらい》氏にかぎる職であったことはすでに述べたとおりであるが、平安時代の初期まではそれもただ一人であった。その昔はおそらく氏の上がこれに任ぜられたのであろうから当然のことである。ところが、豊受大神宮の神威がますます輝くにつれて、祭祀の組織も時代とともに大きくなり、天暦四年（九五〇）には禰宜二人となり、その後一人また一人と増員されて平安末期には八人に、鎌倉末期（一三〇四）にはついに十人になって明治にいたった。内宮の方も同じ経過をたどったことはいうまでもない。しかし、そうなってもやはり第一座の禰宜は長官とか執印とよばれ、他に異なる権威と責任を保持したものである。

この長官禰宜の斎殿《いみどの》はご正宮の北側に接して設けられ、ここで忌火の食事をとって「斎《いわ》い慎《つつ》しみ」のマツリゴトをしたのである。

この度会神主の一族の童女、もともとは多分禰宜の子女であったろうともいわれているが、その一人を大物忌《おおものいみ》という職に任じていた。度会宮六人の物忌の中でももっとも重い地位にあるこの大物忌は、端的にいうと禰宜の分身であった。今日でも各地の氏神まつりに見られる当人（頭人）の分身としての当人児（当屋児）にあたるものであろう。禰宜は後家《しりえのいえ》（里亭）にさがることがあるけれども、大物忌は成女となるか、または父の不幸によって解任されるまではご正宮お

日別朝夕大御饌祭参進

御饌殿の屋根は板垣の外からも拝される。

そばの宿館に起臥し、神域の外へは一歩も出ることはならない、まことにきびしい斎戒《ものいみ》の生活をおくらなければならない。

禰宜や大物忌は豊受大神宮の祭儀に奉仕することはもとよりであるが、その上に日日の祈りである御饌殿の奉仕という大切な役目があった。

御炊、御塩焼の物忌らによって調進された御料を、枚手や土器にそれぞれ盛って御饌をととのえると、大物忌は明衣《きよぎぬ》(生絹で織った衣服)を着け、木綿《ゆう》たすきと前垂を懸け、頭から天のおすひをかぶって御饌殿に参進する。介助役である大物忌父もまた明衣、木綿たすきという姿で、御饌を並べた御机に付き添って参入する。禰宜は大内人《おおうちんど》(これも度会神主一族)とともに御饌の御《み》前追《さきお》いをしつつ参入する。こうして大物忌、御炊物忌がその父たちの手助けで、大御神、豊受大神、それぞれの神座のみ前にお供えを終わると、禰宜以下は御饌殿の下の地上に座して、大御代のみ栄えを祈りつつ拝礼をするのであった。

　明治以後の制度では、この日別《ひごと》朝夕《あさゆう》大御饌《おおみけ》祭《さい》（常典御饌《じょうてんみけ》ともとなえる）の奉仕は禰宜《ねぎ》・権《ごん》禰宜・宮掌《くじょう》各一人と出仕二人で、出仕のうち一人を除く四人は、奉仕の前夜から外宮斎館《さいかん》に参籠することになっている。

参籠潔斎

　斎館《さいかん》、これは神宮の神職にとって特別なひびきを与えることばである。ここは祭典奉仕者以外の者の出入りを、本来は絶対に拒否する場所である。近ごろはいろいろの事情からその一角に応接間を設けてはあるが、それも祭典参列者とか、そのほか特殊の場合に用いるだけで、日常は雨戸をとざしてある。

斎館

　斎館にはいると、神職はまず潔斎と改服をしなければならない。

　潔斎場の構造は普通の浴室とそれほどの相違はない。湯槽《ゆぶね》もあるからこれにはいってもよい。ただ、浴室とちがうことは、ここではけっして石鹸を使わないし、ひげそりなどすることもない。

　懸《かか》り湯をとる桶があるからこの湯を柄杓で汲んで体にかけることが必要で、これがいわば潔斎の要件である。平服を脱ぎすてて、下から上まで純白の衣類を着けるのであるが、白でさえあればよいのではなく、常衣を着けないということが要求されるのである。平服から白衣に着かえるときはもちろん、朝起きたとき、大の方の用をすませたあとなどには必ず潔斎をする。便所には手洗の設備が二つあって、一度手を洗ってから、また別の方で清めるという厳重さである。

食事は斎館の忌火で調理した潔斎食に限るので、外から持参したものを飲食してはならない。昔の禰宜の斎殿にも普通の厨屋のほかに、斎火炊屋という別棟が附属していた。禰宜や大物忌は、年中を通じて忌火（斎火と書いても同じ意味）の物だけを食べ、他火の物を口にしないという掟があった。

潔斎食というのはショウジンか、とよく聞かれるが、いわゆる精進料理ではない。四つ足以外の肉や卵は差支えない。それにしてもきわめて簡素であるからカシワなどにお目にかかったことはついぞない。一般には、お祭りといえば山海の珍味を飽食する機会であるが、斎戒《ものいみ》は慎しみの生活であるから肉も酒も無用なのである。昼と夕はご飯と一皿の副食物、たくわん二切れ、朝はご飯とミソ汁に卵一個と漬物《つけ》。これが現在の潔斎食である。祭主も大宮司も出仕も、みんなこの献立である。

お茶や煙草は用いてよいが、タバコの火は忌火でおこした炭火を使う。

外国から訪れる宗教学者の、ほぼ共通した質問の一つは「斎館では神に近づくために何か積極的な行為をするのか」である。彼らとすれば、アジア各地のいわゆる宗教者の修業のことが念頭にあるので、この北アジア独特の日本神道の、それも古い伝統をもつ神宮のことであるから、瞑想とかそのほか変わった秘儀があると予想するのは当然であろう。ところが、いわゆる行《ぎょう》らしいものは何もないのである。

私たちの体験としては、なまじいに物々しい行のようなことをしないでも、日常との断絶だけで充分である。そのことが心身の平静にとって何よりなので、この平静の中にこそかえって他のどこでも得ることのできない境地が得られるといえよう。

参籠中の時間のほとんどは斎室で過ごすことになる。ここには掛軸もなければ置物も花もない。小さな白木の机が一つ。その前に白い座布団を敷いてすわると、脇では夏冬のけじめもなく小さな角火鉢が鉄瓶の湯気をあげている。押入れには上段に各自の私物の装束箱、下には備え付けの純白の寝具がある。そのほかには、冠《かんむり》に付けるための木綿《ゆう》が棚の上の小机にのせてあるだけである。

ここで一夜あるいは二夜と参籠するといえば、大ていの人は、さぞ窮屈だろうとか、退屈だろうと同情してくれる。ところが、じつはこれでけっこう退屈しないもので、テレビも新聞も見ない代わりには、平素読む暇のない先人の書き物などを誰に煩わされることもなく読み通すこともできるし、障子を開けば杉の梢をわたる雲のたたずまいや木々の緑に眼を休めることもできる。電話や訪問客から解放されるのもここだけである。

ただ、真冬の寒気きびしい時には室内でも摂氏三度くらいまで冷えこむから、十畳の部屋に火鉢一つというのはいささかこたえる。それにしても、参籠中に風邪をひいたという話をきいたことはない。洋服生活でも同じことであるが、きりりと身ごしらえを整え、姿勢を正すことが暑さ寒さをしのぐことにもなるので、この点、斎館では夏も冬も足袋をはき袴をつけ、足を投げ出したり寝ころんだりはしないのであるから、そのおかげで暖房もクーラーも必要としないのであろう。

参籠中は神域外へは一歩も出ないのが当然であるが、奉仕のために両宮間とか別宮などの宮社は往来するし、公務のために神宮司庁に出向くことは差支えないことにしてある。

斎館には私たちの出入りする玄関が三つある。

その一つは祭りの時にかぎって開かれるいわゆる祭典玄関で、間口がもっとも大きい。斎館の畳廊下には大きな姿見があちこちと立ててあるが、この玄関のは特に大きい。

祭りの日には大宮司以下の浅沓《あさぐつ》がずらりとここに並べられる。時刻が近づくとまず宮掌《くじょう》、つづいて権禰宜《ごんねぎ》、禰宜と、それも末座の者から次々に純白の斎服をつけてこの玄関に現われる。禰宜以下が手水をつかって前庭に列を整えたころ大・少宮司が定めの位置に立つ。最後に、行《あん》在所《ざいしょ》玄関と隣り合った祭主《さいしゅ》専用の玄関の障子が開いて、袿袴《うちぎはかま》のお姿で祭主がお出ましになり、お手水を終えて正面にお立ちになる。と同時に、門のかたわらに待ちかまえた白丁《はくちょう》が第三鼓をトン、トン、トンと打つ。第一鼓は二時間前、第二鼓は一時間前に打つ。第二鼓は祭場準備の合図で、この第三鼓が参進を告げる合図なのである。

手水をつかってからこの第三鼓をきくまでの時間は、禰宜の場合は五六分間くらいであるが、ある時は凍てつくような星空の下に、またある時はさわやかな朝の微風の中で、威儀を正してじっと時を待つのである。整列した数十人の神職たちが、身じろぎはおろか、しわぶき一つ立てないで静かに佇立するこのひと時は、たとえようもなく緊張したひと時である。ただ緊張というよりも、一刻一刻と潮が満ちてくるような充実感を覚える時、といった方が真に近いかもしれない。そういう意味で、この祭典玄関は斎館という施設の頂上であり、祭場に直結した場所である。

第二は西玄関で、こちらは正確にいうと大小二つに分かれている。小さい方には白緒の草履や下駄が見えている。これは宿衛屋に二四時間を通じて勤務する宿衛の神職が交代のために白衣姿で出入りしたり、祭典の弁備などのために若い出仕たちが雑色《ぞうしき》姿で出入りする玄関である。大きい方には年中毎日、浅沓が並んでいる。日別朝夕大御饌祭の奉仕には祭典玄関を用いないで、ここから参進することになっているから、この玄関前には手水用の土堝《どか》がいつもそなえてある。

第三は東玄関とよぶ。平服姿ではここよりほかは出入りが禁じられている。戦前の話をきくと、斎館にはいるにはモーニングコートか(中にはフロックコートの人もあったが)、紋服着用が常識とされていたという。ところが、巻脚絆に防空頭巾という異常な時代をくぐったために、ここでも文化変容のおつきあいをするようになった。それでもなお祭典参籠にはいる時は、五つ紋の羽織袴という姿の方が多い。

このように玄関がその用によって区別されているところにも、斎館という特別な建物の秩序が現われているわけで、斎戒《ものいみ》生活の基本が秩序を正すことにあることを端的に物語っている。

四　豊受《とようけ》の大神の宮

宿衛

外宮では火除橋から内（または北御門口から内）の道を参道といっているが、じつは本来からいうとこの参道の大半は祭場である。ことに斎館（ここには行在所《あんざいしょ》もある）の門を出て第二鳥居にかかるところには祓所《はらいど》があり、奉幣の祭儀のときはこの第二鳥居の前でお祓いの式が行われる。北参道の方には忌火屋殿《いんびやでん》があり、御饌《みけ》の祭儀にあたってはその前庭でやはりお祓いの式がある。参道とはもともと、祭のために大神のみ前に参上する道であった。昔は表参道からは斎王《いつきのひめみこ》をはじめ、勅使をつとめる祭主や大神宮司が、北参道からは禰宜以下の神主たちが参進したものである。

祭場の中心は、いうまでもなく御垣内である。古くはこの一角を大宮院といったが、くわしく分けると、板垣内と御垣内（外玉垣《とのたまがき》の内）、および内院（瑞垣《みずがき》の内）の三段に区分される。

一般の参拝者は板垣の南御門をはいって外玉垣の南御門前で拝礼する。ほかの御門は祭儀の時以外はすべて御扉《みとびら》を閉じてあるが、この外玉垣南御門は毎日の日の出から日没までは開いて、まっ白の御幌《みとばり》を垂れてある。ここは祭儀に支障のない限りは参拝者のために解放されているが、それは拝観のためではなく拝礼のため、拝礼だけのための場所なのである。たとえば写真をとっ

参進

たり大声で説明したりするのは遠慮すべき場所なのである。

この板垣内には宿衛屋といって、神職が昼夜を通じて勤番しているところがある。北の方には夕刻から朝まで、参拝者のある南の方の宿衛屋には二四時間寸時の断絶なく浄衣《じょうえ》を着けた神職が正座している。宿衛というのは「宮中を守護し、非常異変に備え、兼ねて特別参拝を取扱う」ことを任務とするから、当日の宿衛長（禰宜一人が交替でこれにあたる）の監督下にあって、もっとも厳正な勤務が要求されている。八世紀の記録にも番直守護の規定があり、その歴史はけっして浅くない。

風荒るる日は幾たびも神門の扉きしみて寂しかりけり
松本一郎

酷寒の朝も正面の障子は開いたままで、室内には小さな火桶一つ。真夏の昼でも烏帽子《えぼし》に浄衣という装束で正座をしている。若いときからこの宿衛を奉仕しなければ、一人前の神宮神職にはなれないといわれている。

中　重　御垣内というのは外玉垣《とのたまがき》から内《うち》玉垣を経て瑞垣《みずがき》までの間をさすが、その内玉垣の南御門の前は、お白石《しらいし》を敷きつめた広庭になっている。ここを昔から中重《なかのえ》とよぶ。

元旦の朝四時から行われる歳旦祭をはじめ、一月三日の元始祭、二月十一日の建国記念祭、十二月二三日の天長祭など年中六度の祭儀には大宮司以下の神職がこの中重に着座し、瑞垣御

中重（外宮）

石壺（外宮）

上方にみえるのは勅使とその随員，手前は中央から祭主，大宮司，少宮司および禰宜が石壺に着座しているところ。

門前に大御饌をお供えして奉仕する。

また、二月十七日の祈年祭奉幣、六月十六日と十二月十六日の月次《つきなみ》祭奉幣、十月十六日の神嘗祭奉幣、および明治五年から始められた十一月二三日の新嘗祭奉幣、これら五度の奉幣の祭儀には祭主はじめ大宮司以下の神職が、そして、祈年、神嘗、新嘗の三度の祭には皇室から差遣される勅使が、やはりこの中重に着座される。その場合には勅使がご祭文《さいもん》を奏上されるのもこの中重であって、一般の神社でいえば内拝殿とか勅使殿などに相当するところである。

勅使をはじめ、祭主や神職が着座する所を石壺《いしつぼ》というが、祭儀の時にはこの石壺に畳表二つ折ほどの鋪設《ふせつ》という敷物をおいて、これに坐ることになっている。拝礼もこの上で行う。

榊持ち　八つの石壺踏みならし
　君をぞ祈る　内の宮びと

これは内宮の荒木田延成が詠んだ古歌であるが、豊受大神宮の場合もまったくかわりはない。延暦の儀式によると、宮司と禰宜はそれぞれ両手に二本ずつの太玉串を捧げて参進し、中重に着座すると、大物忌父がこれを受けとって内玉垣御門の内側にこれをさし立てておいてから祭儀が始められ、最後に宮司禰宜がその石壺において八度拝を行ったのであった。禰宜は、先述したように漸次増員されたので、前記の和歌は八員の時代に詠まれたものである。なお現在では遷宮の時以外は太玉串を捧げて参進することはなく、祭儀の最終段階で、各員が太玉串を受けてこれを内玉垣御門前の案上にたてまつり、全員奉り終わったところで一斉に八度拝を行うこととなっている。

王朝以来、「増作あれども改減せず」を神主たちは基本方針として伝統を護りぬいてきたけれども、室町時代になるとさすがに手段がつきて、内玉垣南御門の造営までは不可能になった。式年ご造営のための国費はなく、戦乱につぐ戦乱によって天下の浄財を仰ぐすべもない時代にも、御正殿だけはせめて御仮殿なりとも造営申しあげなくてはならないと、神主たちは私財のありたけを捧げて奉仕した。そこでもっとも簡単な御門である中重の鳥居を造ったわけである。その後二百年にして寛文九年（一六六九）にようやく正式の御門が復興されたけれども、この中重鳥居は、そう

四丈殿

いう風雪の歴史を秘めて今に存続しているのである。

中重の東南の隅にある萱葺きの大きい殿舎は四丈殿とよばれる。その昔、斎内親王が多気の斎宮からご参向になると、板垣御門の前から板輿を手輿にのりかえられてこのご殿におはいりになった。そこで当時はこれを斎内親王殿とか斎王候殿とよんだが、後醍醐天皇の御代に斎王制が絶えたため、室町時代にはこの殿舎もすたれた。元禄年間に一度建てられたが様式も用途もちがっていた。

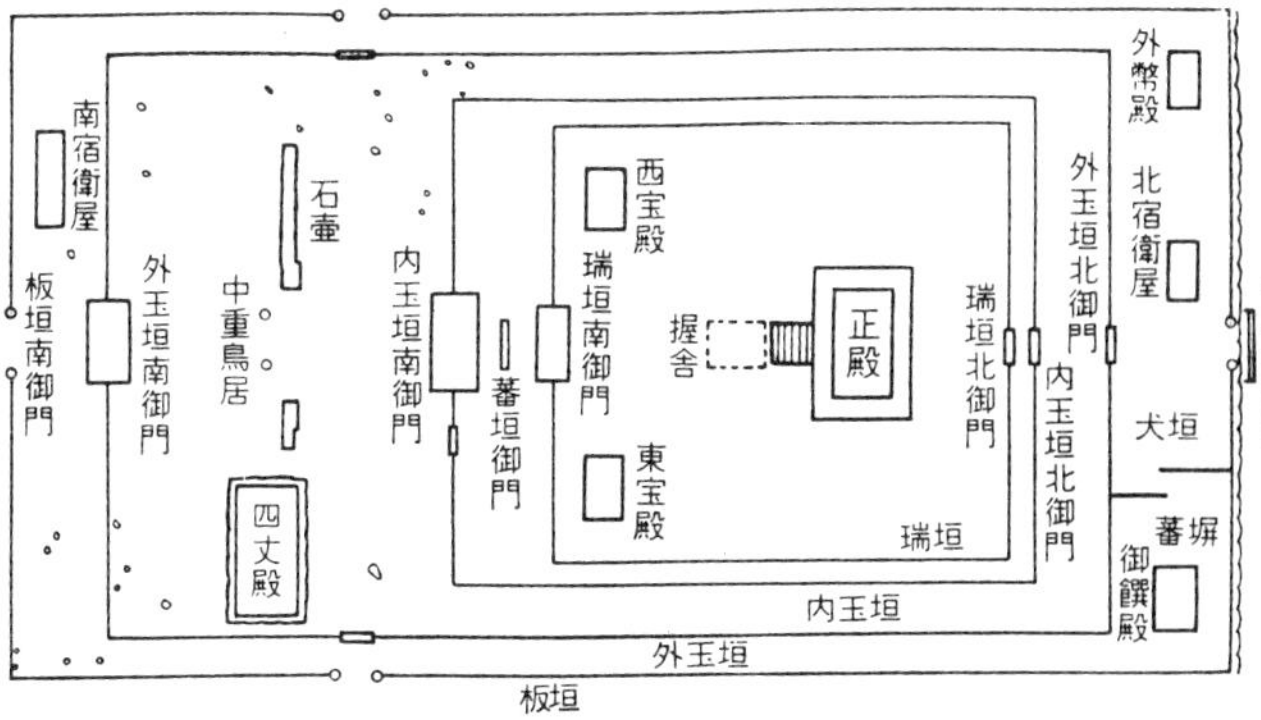

豊受大神宮（外宮）

明治五年（一八七三）になって再び復興されてから名称も四丈殿となり、いろいろの儀式に使われることになった。遷宮の際の御装束神宝読合の儀とか、恒例または臨時の奉幣のたびに行われる幣帛点検の儀、あるいは雨儀のときの中重の行事のすべて、などである。千木や堅魚木《かつおぎ》をおくなど建築様式はいささか変更されたが、かつてこの場所に、あの袿袴《うちぎはかま》姿の内親王さまが侍候されたそのかみの情景をしのぶよすがでもある。

内院

瑞垣《みずがき》が四周をとりかこむ一七三三平方メートル（約五二四坪）のほぼ正方形の空間、これこそ数多くの関門をもって仕切られた窮極の清浄境、いわゆる内院である。中央にご正殿《しょうでん》、その南側の東西に東宝殿《とうほうでん》と西宝殿《さいほうでん》が対称的にならんでいる。外宮の場合にはこの二つの宝殿は東西から向き合いに建てられていたそうである。おそらく永録六年（一五六三）式年遷宮再興の時に今のように北向きにしたのであろうといわれている。板校倉《あぜくら》から神明造《しんめいづく》りに様式が改められたのも、あるいはこの時かもしれない。歴史の中断ということはつくづく恐ろしい。

宝殿にはもともとどういうお品が納められたものであろうか。古代のことはわからないが、平安初期においては、六月と十二月の祭りに多気・度会の二神郡から奉る調《みつぎ》の糸三十鈎ずつを東宝殿に納め、西宝殿には神嘗祭に朝廷からお供えになる鞍一具を納めた。ところが当時の宝殿の規模をみると、長さ一丈六尺、広さ一丈二尺とあるから十畳敷よりも広い。おそらく遷宮から遷宮までの二十年間、年々の奉納品をそのまま納めておくことになっていたのであろう。

現在は二季の月次祭の幣帛、その他の御奉納の品々を東宝殿に奉納し、古神宝を西宝殿に納めることになっている。一般には本殿とか神殿とよぶ御殿を神宮ではご正殿とよぶ。

老杉の梢をバックにきらめく千木《ちぎ》堅魚木《かつおぎ》の金銅《こんどう》の金物《かなもの》は、板垣の外からでも拝することのできる高壮な建物である。神明造の神殿の千木というのは、破風《はふ》がそのまま伸びて屋根の上につき出した部分をいうが、その先端が外宮の場合には垂直に削《そ》がれている。いわゆる外削《そ》ぎである。このことは、堅魚木が九本であることとあわせて、内削ぎの千木に十本の堅魚木を備えた内宮の場合との著しい相違点だとされ、ことごとしい理屈をつけて両宮のご神徳を説明した時代もあった。しかし、金物がなかった時代には外削ぎの方が建築上は合理的であったろうし、建物の規模が小さければ堅魚木の数にも限度があったのかもしれない。

建築史学者によると、奈良時代から平安時代にかけての豊受大神宮ご正殿は、正面二四尺(七・二メートル)側面十六尺(四・八メートル)であったという。内宮正殿の正面三六尺(一〇・八メートル)側面十八尺(五・四メートル)にくらべ、側面はともかく正面(左右の柱間隔)は三対二の比率ということになる。その後、鎌倉時代末で三〇・九尺(側面十七・六尺)になり、やがて三三・六尺(側面十九尺)

豊受大神宮ご正殿

前面には雨儀に備えて設けられている幄舎（あくしゃ）がついている（平成5年9月撮影）

と、ほぼ内宮に匹敵する規模になって現在にいたったといわれている。

それはともかく、堅魚木で思い出すのは『古事記』雄略天皇の段にみえる記事である。ある時、天皇が山に登って国見をなさると、屋根に堅魚木を上げて造った家がお目にとまり、それが志幾《しき》の大県主《おおあがたぬし》の家とわかったので、天皇の御舎《みあらか》に似せて造ったのはけしからぬ、とお咎めになったという話である。神宮のご正殿に堅魚木があがっているのは、古代の観念によると天皇の宮殿に准じた御舎として造営したことになる。神明造の原型は高床式の穀倉であろうといわ

ご正殿の御扉（平成５年９月撮影）

れるけれども、記録に現われる限りにおいては、もはや完全に「神の宮」としての機能と威厳を備えた建築になっている。「大神の社」といわないで「大神の宮」とよぶのも、もともとはそういう宮殿風の建築が神に捧げられた場合の名であって、ジングウと音読したり、また、その称号をもって一つの格式と考え始めたのは後代のことであろう。

堅魚木ばかりではない。簀子縁《すのこえん》を四面にめぐらせたり、正面に幅広い御階《ぎょかい》をかけたり、簀子縁や御階に勾欄をとりつけたのも宮殿に擬したものである。宮とは元来、天皇の宮殿をさす言葉であった。

豊受大神宮のご正殿には、もともとは今見るような金銅の金物はなく、康平二年（一〇五九）の造営以来、内宮と同様にされたと言い伝えている。これも豊受大神にたいしての国家の待遇が一段と高められたことを物語っている。

この大神の宮にはご主神豊受大神のほかに三柱の神々（東一座西二座の御伴神《みとものかみ》）をおまつり申しあげてある。この相殿神《あいどののかみ》の御名について、あえて古典所見の神名をもって申し上げた時代もあったけれども、例の延暦の記録にも延喜の制度にも、どういう神々であるかを伝えていない。また、どういう由来によってこの三柱の御伴神がご同座されたのかも、古伝には見あたらない。

今のところでは、他の古社の相殿神一般についての研究がすすむのを期待するほかはないであろう。

豊受大神宮の場合ご正殿の御扉《みとびら》が開かれるのは、年中の恒例としては神嘗祭と祈年祭、新嘗祭の三度、勅使を遣わされて幣帛《へいはく》をお供えになる時だけである。この場合には幣帛を大床に奉奠したのち、殿内に奉納し、勅使が奏上された御祭文《ごさいもん》も奉納する。

天皇陛下の御親謁や御参拝、皇后陛下の御参拝、それからご成婚奉告のための皇太子殿下、同妃殿下の御参拝、こういう時にはやはり開扉して幣帛を奉奠《てん》し、ご正殿階下でのご拝礼が終わるとその御玉串を大宮司が殿内に奉納するしきたりである。

祭主や大宮司以下の神職が内院で奉仕する祭儀は恒例だけでも次のとおりしばしばある。

1　三節祭（神嘗祭と二季の月次祭）

由貴《ゆきの》夕朝大御《おおみ》饌《け》供進の儀

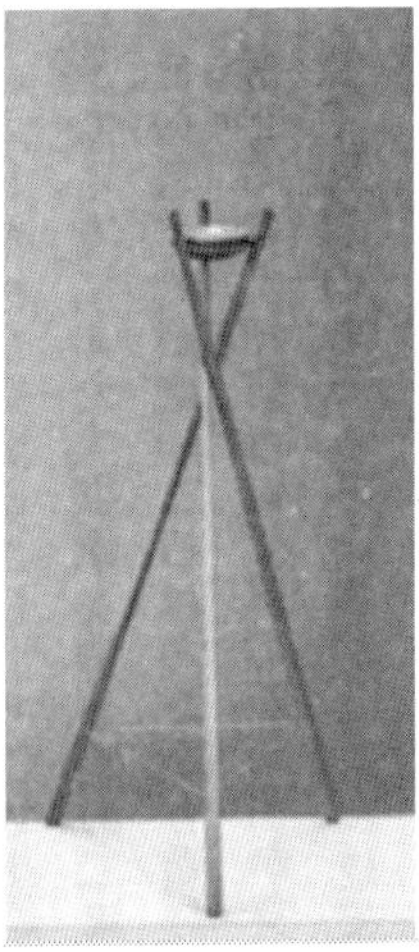

結灯台（むすびとうだい）

昔から三節の祭とか三時の祭として一括する場合が多いが、これは年中でもっとも重い祭りとされたからである。この祭の大御饌に限って、とくに由貴ということばを必ずつける。ユキのユは、斎の文字でおきかえてもよい、清浄の義と考えられるが、キの方には定説がない。それはいずれにしても大嘗祭の悠紀《ゆき》殿のユキと同義であることはまちがいなかろう。一説によると、ユキとは清浄な空間をさし、そこで生産された贄の修飾語となったものといわれる。そういう特別な心をこめた大御饌を宵と暁の二度、内院の奥深いところで奉仕するのである。

その昔、太陰暦のころはあたかも満月の夜半であったが、今は照明といえば正殿の階下左右に設けられた結《むすび》灯台の、ほのかな明かりと、東西宝殿の前方(すなわち北側)に据えた二つの土堝《どか》で焚く庭燎のちろちろとあがる炎だけである。瑞垣南御門内の軒下に着座してふり仰げば、まの辺りにご正殿がことのほか大きく拝されたものである。ある時は漆黒の闇空に、ある時は月明の中に、ある時はきらめく星空のもとに、またある時は降りしきる雨を透して、重厚な萱の御屋根が頭上にのしかかるような感じである。

禰宜たちは白昼、お掃除とかあるいは内院の模様を奉伺するためにご正殿をま近に拝する機会はしばしばある。奉幣の儀もつぎにいうように早朝か正午に行われ、その折にも御階を昇りつ降りつ奉仕するのであるが、そういうさまざまの機会の中でも、この深更の祭儀において地上に坐してふり仰ぐご正殿のお姿というのはまことに偉大である。仏像はすわって拝観するものとは教えられてきたけれども、神の宮居もまた大地に坐して拝むものだとは、うかつにも神宮に奉仕して初めてさとった。

他の宗教の殿堂とちがって、神宮の社殿には威圧感がなくて親しみやすい、という感想をもらす外国人がよくある。森の中に溶けこんだ植物質の建築であるから、これにも一面の真はあろう。しかし所詮それは観賞者の所見にすぎないのであって、仕えるもの、拝むものの実感ではない。

修祓の儀（内宮）

忌火屋殿前庭の祓所で由貴大御饌および奉仕員（祭主以下）のお祓いの式が行われる。外宮も同様である。

さて、ユキの祭のほかに内院で奉仕するのは、

2　奉幣の儀

である。三節祭の奉幣は正午であるが、祈年祭と新嘗祭の奉幣は外宮では午前七時に奉仕する。

3　風日祈《かざひのみ》祭《さい》

五月十四日と八月四日の朝の五時であるがこの祭には大宮司以下の神職だけが奉仕する。五月の祭は昔は四月十四日であったが、これを御笠神事とも称した。御《み》笠縫《かさぬい》内人《のうちんど》というイソベ氏の神役人に「大神の御笠。御蓑《みの》。高宮の御笠、御蓑。所管二四所の神の御笠、御蓑。」以上を調進させてお供えしたものである。四月十四日というのは田植月の直前にあたるので、雨具である笠と蓑をお供えして風雨順時の祈りを捧げる祭りであった。この御笠御蓑は今も昔ながらに菅で調製して、ご正殿の大床にたてまつり、豊年を祈るのである。八月は台風の憂いの近づく

時であり、この日は御幣《みてぐら》をお供えして同じ祈りを捧げている。いずれにしてもご正殿における重い祭儀の一つである。

秋祭の古儀

三節祭や風日祈祭を述べたついでに今一つ書きとめておきたい古儀がある。

それはやはり明治の初めまで伝えられた古儀であるが、秋の稔りを謝する大祭り

多賀宮の奉幣の儀に向かう勅使以下

御笠と御蓑（みの）

スゲをもって奉製する。サカキの枝にシデを付けた御幣とともにお供えする。

の十六日（当時は九月）の末明に、例の大物忌父《おおものいみのちち》が御常供田でつくった稲を抜穂《ぬいぼ》にして、このご正殿の下に置きたてまつった、いわゆる「抜穂の行事」のことである。

　神郡を始め、そのほかの各地におかれた神宮附属の農民から貢納する米は、懸税《かけちから》の稲といって、刈りとったままの穂を束《たば》ねて、内宮と外宮に当日持参し、これを玉垣にかけてならべて捧げたのであるが、外宮の御常供田でとれた稲は、穂のところだけを抜いて束ね、棒の前後にかけ、これを大物忌父が肩にかついでご正殿の御床《みゆか》下まで運んだのである。さらにまた、この抜穂と懸税の行列には、禰宜が太玉串《ふとたまぐし》を持ち、警蹕《けいひつ》をとなえつつその先導をしたのである。

　玉垣の懸税はともかくとして、ご正殿の御床下に、新穀の稲穂をこういう儀式によってすすめるという神事が、国家的な祭儀、すなわち豊受大御神に宵暁の大御饌をたてまつるとか、幣帛をお供えするというような神嘗祭の儀式の整備されたのちに、新しく付け加えられたとは考えられない。戦国の世となると、暁のユキの大御饌の儀は中絶し、朝幣もまた絶えるような時勢になったけれども、そんな時代にもこの抜穂の神事だけは、秋九

抜穂祭

先頭の作長が捧げているのが抜穂の初穂である。

月のめぐりくるたびに必ず奉仕されてきた。そういうことから考えると、この神事は、おそらく度会氏、あるいはイソベ時代のその原初から、たえることなく継承されてきた大切な伝統にちがいなかろう。

春日若宮のおん祭りの行列を拝観すると、その一ばん後尾には稲穂の束を棒の前後にかけた人が二、三人歩いてゆくのを見るが、近世の『春日若宮祭礼絵図』には、この稲穂をかついだところは描かれていない。そうしてみると、この地味な役柄が人々の関心の外におかれたのも久しいようではあるが、それでも平成の当代になお行列に加わっているのであるから、やはりこの祭りとってはきわめて大切な要素にちがいない。

もっとも今では荷前《のさき》と染めぬいた旗を立てているから、お供物としての初穂と考えられているようである。しかし大和地方で採集されている数多くの事例によると、本社に向かう行列の中で棒持せられている稲穂は奉幣といわれていても、じつは神霊の表象である場合がけっして少なくない。

警蹕《けいひつ》とは天皇や神の出御にあたって、その御先《みさき》を追う作法であるが、禰宜が御先追いをしながら、その後方から大物忌の父のかつぐ初穂の稲が、粛々と祭場の中心まで進んでゆくその様子を瞼にえがくとき、度会氏の遠祖たちが奉仕した秋祭りの祖型がおぼろげながらもわかるような思いがする。

神嘗祭が国家の重儀となってからでも、こういう原初の儀式は欠くことのできない重さをもって伝承されてきたのであった。しかし、明治四年五月、神官の世襲制が廃止され、ご鎮座以来の伝統を守った度会氏も磯部氏も退けられるとともに、この神事はついに廃止された。おそらくは、神宮祭祀の理念に合わない行事と考えられたためであろうが、近代合理主義の犯した過誤ではなかったであろうか。

五　度会の神々

多賀宮

豊受大神宮には別宮《べつぐう》が現在四か所あるけれども、それぞれに由来がちがう。

格式のもっとも高いのは多賀宮《たかのみや》で、伝承によると、度会《わたらい》氏の祖先が丹波の国から豊受大神のニギミタマとアラミタマをこの地にお迎えし、その荒御魂を本宮の南の丘の上にお祭り申しあげたのが多賀宮であるという。

延暦（七八二〜八〇六）の『儀式帳』には

管する高宮《たかのみや》　一院　等由気大神宮の荒御玉の神なり

とあり、

延喜（九〇一〜二三）の『大神宮式』には

多賀宮　一座　豊受大神の荒魂

また同じく延喜の『神名式』には

高宮　大、月次、新嘗

とある。神宮ではおおむね高宮と書いてきたが、明治以後は『大神宮式』を基準としたので多賀宮と定められた。

『神名式』の注に大とあるように、当時の制度では官幣大社にあたるので、祈年祭はもとより、六月・十二月の月次祭と九月の神嘗祭（新嘗は伝写の誤りであろう）には、本宮につづいて勅使みずからこの多賀宮に参向して幣帛を奉った。この伝統は、いうまでもなく今に継承され、大御饌はご正宮とまったく同等に供えられるし、奉幣の儀に勅使が参向されることも昔とかわりはない。

多賀宮（たかのみや）

下御井神社（豊受大神宮所管社）
この左手の崖の上に多賀宮が拝される。

正殿以下すべての規模は本宮と比較にならないほど小さいけれども、祭儀にあたっての格式においては、明治以後の制度の官幣社をしのぐものがあるといってよい。

昔はこの宮に付属した忌火屋殿があって、専属の物忌たちが奉仕し、毎月六度は朝夕の御饌《みけ》をもお供えしていた。しかし明治以後はこれも御饌殿においてお供えすることになったので、少なくとも一千年以上もつづいた月六度の御饌はとりやめられた。当時の御井は下御井神社《しもみいじんじゃ》として豊受大神宮の所管社の一つになり、もしも上御井神社のお水に異常があれば、このお水をいただくことになっている。多賀宮裏のシダの茂った崖下の小径の奥にひっそりと鎮まりますこの御井の神に賽する人は稀れであるだけに、宿衛長として城内の宮社を巡拝するとき、私はこのささやかな祠まで歩みを運んで、しばしの静寂にひたるのも一つの愉しみであった。

土宮

この下御井神社の谷水がその下をちろちろと流れる小さな石橋の西方には別宮土宮《つちのみや》が鎮座していられる。

所管の宮社の序列は、別宮、摂社（延喜式内社の由緒ある古社）、末社、所管社の順であるが、この土宮は、昔は土御祖《つちのみおや》の社と申しあげる末社の一つであった。それも十世紀末の記録に初めて見えているにすぎない。ところが、大治三年（一一二八）、豊受大神宮の禰宜たちの申請が容れられて「宮号宣下」すなわち、朝廷から宮号をゆるされて土宮と申し上げることになり、それにともなって官幣を年々お供えされることにもなった。いわば末社から二階級特進されたのである。

土御祖社と申し上げて奉斎したのは、外宮の地主の神、あるいは山田原の地主の神としてのご加護を祈ったことに始まるが、平安末期になって宮川の上流が急激に開発されてきたためなのか、大洪水がしばしば山田原をおびやかした。時には外宮のご正殿下に浸水するような騒ぎもあったと当時の記録は伝えている。そんなわけで、地主の神の加護を祈るところがいっそう切実となり、官幣を請い、国家としての祭りをお願いするにいたったものと思われる。

土宮

同じ大治三年には、外宮の摂社志止見《しどみ》社と大河内社、末社の打懸社に同時に従四位下の神階を奉られた。この三社ともに当時の度会郡沼木《ぬき》郷山幡村(今の伊勢市辻久留町)に鎮座しているが、ここは高倉山の西側で宮川の東岸になるから、土御祖社とともに洪水防護の祈願をこめられた社であろう。

さて、土宮はめずらしく東向きの宮である。また、豊受大神宮の城内でありながら鳥居があることも多賀宮とはちがっている。別宮昇格によって正殿を大きく造替するにあたって、南面に変更するかどうかと、かれこれ評議した当時の閣議の状況は『長秋記』にくわしいが、「昔より東向きにすえ奉る。何ぞ改定すべけんや」という権中納言宗能卿の前例尊重論が通って、改定をみなかったという。

この宮の鳥居というのは末社当時の玉垣に附属していた門であって、高宮には中門があるのだからこれに准じる意味で残してもよいではないか、と、これも中宮権大夫宗能卿の意見で一決したという。御卜《みうら》によって決しようという内大臣や参議の提案が通らないで、前例尊重という伝統主義が勝ったのは記憶にとどめておきたいことの一つである。

月夜見宮

土宮についで別宮に昇格したのは月夜見宮である。外宮の北御門口から北へ約三百メートル、宮川の方から伊勢の市街地に約二キロはいると県道鳥羽松阪線の右側に接している森がその宮城で、三方をお堀がめぐっている。

早くから月読神社として摂社の筆頭にあげられ『延喜式』の当時には官幣に預かり、二十年ごとの式年遷宮も行われていたから別宮に准じる格式であったけれども、承元四年(一二一〇)には宮号宣下という特別の崇敬が示されたのは、やはり当時の政治情勢にかかわる所があったものと察しられる。

後鳥羽天皇(在位一一八三～九八)の御代には公卿勅使を立て、宸筆の宣命をもって神宮に祈願されること六度に及んだが、次の土御門天皇(在位一一九八～一二一〇)もまた法皇御悩の平癒のため、あるいは辛酉の御祈り、甲子の御祈り、さては三合歳厄の御祈りなどと、陰陽師たちの奏言もあってか数度の勅使をご差遣になった。月夜見宮の別宮昇格は、あるいはそのご報賽の一つであったと考えてよかろう。

北御門からこの月夜見宮への一直線の道を昔は並木路とよび、不浄の者はその中央を通行することを遠慮した。現在も神路とよばれている。

　　宮柱立てそめしより　月よみの
　　　　神の行き交ふ中の古道

という古歌はその理由を説明する歌ともいわれる(『勢州古今名所集』)。しかし本宮と別宮をご祭神が往来されるという祭儀があったという痕跡はここには見当たらない。しいていえば外宮の御饌殿で天照大御神を祭るのに対して、ここはその弟神であらせられる月読の神であるから往来なさると考えたのかもしれないが、それにしてもこの歌一首では心もとない。

伊勢の市内にはカリヤ橋といって仮屋(月事の女子のための共同建物)の女が通行する橋をとくに設けた所もあったくらいに、市民たちの禁忌の感覚には格別のものがあった。この並木道にまつわる古歌も、あるいはそういう戒しめを説明したものであろうか。

風　宮

再び本宮の城内にもどって風宮の由来をたずねよう。多賀宮への参道の東側に鎮座のこの宮は正応六年(一二九三)に宮号が宣下されて末社から一躍別宮の列に加えられた。それは弘安四年(一二八一)の国難にあたって神威ことに現われ給うたことによる。

　山々寺々、御祈り数知らず。伊勢の勅使に経任大納言まいる。(中略)大神宮へ御願に、わが御代にしも、かかる乱れ出できて、まことに此の日本の損なわるべくは、御命を召すべき由、御手ずから書かせ給いける　(『増鏡』)

風宮
向かって左は西御敷地。

このような烈しい祈りにつぐ祈りのはてに、元寇は周知のような終末をつげた。

　勅をして　祈るしるしの神風に
　　よせくる浪は　かつ砕けつつ

勅使為氏大納言のこの歌には、命がけで祈った人々の感激のさまがありありとしのばれる。あれは偶然に台風が起こったからだと今の史家はいうけれども、それはそれにちがいない。しかしそうだからといって、その台風がわが国に幸いしたことを、当時の人々がこぞって神威神恩と感謝したこともまた、動かすことのできない事実なのである。古人がいたずらに呪術におぼれたり奇蹟に期待したりしたようにいうのは、浅はかのそしりをまぬかれないであろう。

もともとは風雨の災害なかれかしとの祈りを捧げる風社《かぜのやしろ》（または風神社）で、八月には風日《かざひ》祈《のみ》の祭が行われ、九月の神嘗祭には末社当時からすでに懸税《かけちから》の稲を別宮に準じてお供えしていた。このことは宮号宣下以降もかわりはないのであって、列格の動機は国難克服の報賽であったけれども、それによって平常祈るところに変化があったわけではなかった。

ところが元寇から数えて六百四十年、欧米諸国の東洋進出は再びこの島国をおびやかした。一歩誤まれば列強の植民地となりかねない緊迫の時勢に際会して、はからずも想起されたのはこの風宮のご神威であった。そこで朝廷では文久三年（一八六三）五月、皇大神宮別宮風日祈宮《かざひのみのみや》と当宮に十七日間の御祈願を捧げられた。そのご趣意は

「実に国家の安危この時にあり」「こい願わくは神明の冥助に依って皇国の勇武を奮いおこし、国内和を一にし、上下志をひとしくして」外夷を退け、将来ともに日本を犯すような意図を捨てさせたい。そして、「神州を汚さず、人民を損わず、宝祚延長、武運悠久ならんことを」

と御教書に述べられている。国内一和は神明の加護によってのみ実現され、それなくしては国家の危機を乗りきることはできない、という信念が六百年をへだてて一貫していることを知ることができる。

御池

さて、しばらく眼を風宮と正宮の間に横たわる御池の方に転じよう。

冬の陽ざしがきらきらと樹間をこぼれて、池の面の薄氷《うすらひ》を照らす季節には、コガモやオシドリが、人影の遠い水な上の方に、小さな姿をよせ合うようにして浮かんでいるのが見える。さき頃の戦争が激しくなるまでは、水面もかくれるほどの群れが渡ってきたそうであるが、いつしかすっかり姿を消してしまった。そして戦後四、五年目頃から再びぼつぼつと訪れ

てくるようになったけれども、以前のように人間に馴れるまでにはなっていない。彼らにとってもまだ戦後は終わらないのかも知れない。

この池は三つにくびれていて、上《かみ》の御池、中の御池、下の御池とよび、昔の人はここで手を清めて参拝した。ところが、宝永四年（一七〇七）十月四日山田の町家三百余棟倒壊という大地震によって、清流がぱったりと止まり、今みるような状態になったと伝えられる。

中の御池というのは多賀宮以下三別宮への参道の右手の池であるがこの北岸はちょっとした広場になっている。ここは御遷宮のとき川原大祓《かわらのおおはらい》という儀式の行われる場所で、これは今もかわっていない。広場の中央に注連縄をめぐらした石積みがあるが、この〃三つ石〃はその川原大祓の式場の中心の標示である。

大庭

外宮神楽殿とご正宮との中間に、参道よりすこしかさ上げされた広庭があり、昔から大庭《おおば》と呼んでいる。

北側に五丈殿、東側の神楽殿に近いところに九丈殿と、二つの建物がある。この一画が往時の直会院《なおらいいん》で、南側の参道沿いには主神司殿《かんつかさどの》（五丈殿とも神祇官殿ともいった）があったが、この建物は鎌倉末期を最後に、その後の記録に出てこない。斎宮寮も廃絶し、朝幣すら中絶した時代となっては無用のものとして絶えたのであろう。

今も残っている方の五丈殿は一《いち》の殿《でん》とか直会《なおらい》殿、あるいは解斎《げさい》殿ともよんだ。奉幣の祭儀を終えた勅使と禰宜たちがここに着座して、直会の酒肴をいただく儀式を行ったのである。

九丈殿は勅使の従者などの直会所であり、主神司殿は斎宮寮の主神《かんつかさ》とか朝使に従う忌部やト《うら》部《べ》という神祇官の役人たちの直会所であった。三つとも平安時代には檜皮葺きであったが現在は二殿ともに板葺きである。今日ではこの直会の儀式はすべて中止されているが、五丈殿では雨儀の修祓を行うし、九丈殿は摂社以下の遥祀の祭場にあてられている。ことに遷宮関係の諸祭儀では五丈殿は大切な式場になっている。

大庭
五丈殿（左）と九丈殿（右）

この直会院の庭が大庭であるが、その昔、第一鳥居第二鳥居をくぐって表参道から参進してくる大神宮司と、斎殿《いみどの》を出て北参道から進んでくる禰宜たちが、はじめて出会うのがこの大庭であった。奉幣の時には、やはり表参道から参向する勅使一行にここで神宮方が初めて対面し、幣帛の品目や丈量を送《おく》り文《ぶみ》と照合する儀式をおこなった。

また、宮司や禰宜がいよいよご正宮に参入するにあたってその冠に木綿《ゆう》かづらを着け、両手に太玉串《ふとたまぐし》を捧持するのもこの大庭であった。そして祭儀を終わるとここまで帰ってきて初めて木綿《ゆう》かづらを解き、それを榊の枝に掛けておく慣例であった。この榊は一本榊と称して、今でも大庭の一隅に植え継がれている。このように、大庭は奉幣の祭儀にあたってはその初めと終わりの式場としてきわめて重要な意味をもっていた。

四至神の祭壇（外宮）
年中五度は恒例として四至神にも奉幣の儀を奉仕する。

その古式は今日では遷宮祭に残されていて、太玉串を捧持する、いわゆる玉串行事はここで行われるし、遷御翌日の奉幣の祭儀ではやはりここで幣帛点検の行事がある。恒例臨時の諸祭儀においては明治の改革によっていろいろの変化をみたけれども、やはり二十年一度の遷宮祭ともなると前例がきびしく尊重されていることの、これも一例である。

四至神

この大庭の東南の一隅に石畳を築いて、榊を植えた設備がある。これは神域の四方の境界すなわち四至を守護し給う神にたいして祭儀を奉仕する祭壇である。

延暦の『儀式帳』には宮廻神《みやのめぐりのかみ》二百余前《まえ》を年中三度祭ることが見えているが、はたして何処でその祭りを行ったものか明らかでない。降って中世になると、四至の神四四前を宮中に祭る、と諸書に見え、石をもってご神座としたらしいけれども、やはりその場所はわからない。

近世になると廻神《めぐりかみ》十六座と称し、城内の十六か所の石壇において二月と十月の二回、初の午の日に榊を立てたり御幣《ごへい》を立てて祭り、十二月晦日にも花榊を立てて供物をたてまつったという。ところがそのうちに摂社や末社などの遥拝所としての石積みが城内のあちらこちらにできたので、判別がつかなくなったこともあり、明治の初めには一切の石壇が一応整理された。しかし由緒ある四至神の祭りは絶やしてはならないので、明治四年から九丈殿で祭儀を行い、のちに十六所の由緒地の一つである現在の石壇を所管社四至神の祭場と定められた。

この祭壇には榊の根もとに特徴のある形をした石が若干据えられている。これに眼をとめて、神道では石を拝むのかと問う人もいる。また、すこし古典にくわしい人は、さすがに伊勢には古代のイワクラが生きているともいう。どちらも早とちりであることはいうまでもないが、説き明かすのには時間がかかる。

御酒殿

こんどはご正宮のお裏へまわって上代をたずねよう。北参道から板垣にそうてまがるとご正宮の北側には忌火屋殿《いびやでん》、御酒殿《みさかでん》とつづいている。

御酒殿とは文字どおり神酒を醸造する殿舎で、三節の祭にはここで火無浄酒《ほなしのきよざけ》と火向神酒《ほむけのかんみき》という二種類の酒をつくった。火無というのは粢《しとぎ》（米を水にかして砕いたもの）に御井の御水を加えただけの酒で、その米は大物忌の耕作した抜穂《ぬいぼ》の御田《みた》の稲を用いたという。火向《ほむけ》の方はいわゆる醴酒《れいしゅ》（一夜酒とか甘酒といわれるもの）で、これは諸国の神戸《かんべ》から貢進する稲を用いた。

先年、奄美大島の東仲間という村で教えてもらったのだが、彼の地のオミキの製法はやはり粢に湯を注ぎ、これに甘藷の搗《つ》き砕いたのを加えて二晩ほどねせておく、ということであった。糀を用いないという点で共通しているのを面白く思ったことである。抜穂の御田の稲を御料とすることから考えると、この火無浄酒（後世はシノセとよんだ）の方に古風があるのかもしれない。

三節祭の由貴の大御饌には白酒《しろき》・黒酒《くろき》・醴酒《れいしゅ》・清酒の四種類を、その他の諸祭には醴酒と清酒を、常典御饌には清酒だけを現在はお供えしている。清酒だけは篤志家の献納によっているが、その他の三種類は内宮の忌火屋殿で調進する。その際、糀はまず内宮御酒殿に納め、御酒殿神のご加護を祈る祭りを行ってから造り始めるのである。造り終わると外宮の御酒殿神にも奉納し、由貴大御饌の前日に奉下して忌火屋殿に納めるのである。

庁舎

今は木立ちの奥にひっそりと忘れられたように鎮座される御酒殿神であるけれども、私はこのみ前に立つと遠い平安朝の昔を思わずにはおられない。その当時は、ご正宮ま近のこの一画は、大宮院を別にすると城内におけるどこよりも重要な施設がずらりと建ち並んでいた場所だからである。

先学のくわしい考証によると、御酒殿の隣には務所庁《まつりごとや》があった。また、二つの御倉をはさんで、禰宜の斎殿《いみどの》があり、その後方には附属の炊事所が三棟あった。一つは禰宜の斎食用である斎火の炊屋《かしぎや》、一つは通常の台所、一つは祭の大炊屋《おおかしぎや》といって祭儀のあとで神主たちが行う直会《なおらい》の炊事所である。直会は御酒殿の前庭とか務所庁で行われたらしい。

務所庁は、後には庁舎《ちょうのや》とか政所《まんどころ》と称したが、これはいうまでもなく禰宜たちが庁議を行う場所である。大化の改新で度会郡司がおかれ、さらには大神宮だけの宮務のために大神宮司が設けられて、これらの役人が経済面などいわゆる世俗的な行政を分担することになると、かつての度会の国の大神主であった度会禰宜はマツリゴトの頂上である祭儀だけを奉仕することになったはずである。従ってこの務所庁では禰宜拝命の儀式とか、祭儀に直接関係する神田経営とか宮中番直などについての庁議が行われるにすぎなかった。そして、こういう姿の中に、私たちはかえって、上古の度会国の主宰者の面影を認めることができるように思う。

庁裁を経た文書には豊受宮印という公印が押捺された。これは平安初期からのことといわれるが、この印を御政印《みしょういん》とよび、務所庁の隣の御倉に格納した。

ともあれ、この高倉山の麓に大御神の御食の神を奉斎し、その御垣に接して禰宜の政所があり、朝夕の大御饌奉仕の御饌殿もまた程近い所にあるというこの構成は、けっしてかりそめのものではあるまい。今でも地方に行くと氏神の社と庁屋が並んでいる例は珍しくはないし、時にはその隣に刀禰《とね》（昔の里長）の屋敷があるといった構成を見ることもある。豊受大神宮のこの一画にも、わずか百余年前までは、こうした古い世の集落の面影を留めていたのであった。

摂社と末社

イソベあるいは度会などの氏族がこの山田の原を中心として国を拓いて以来、その里々には守護神を奉斎してきたはずであるが、それらの神の社の中で、平安朝の初期までに国家から公認されていた神社は、度会宮の所管として祭儀が奉仕されていた。官帳社十六所と『儀式帳』に登載されているのがそれで、祈年祭と神嘗祭には公の幣帛が供えられるほか、春秋その他の時々の祭儀がつづけられ、とくにその中の三社（月夜見社・草奈伎《くさなぎ》社・大間国生《おおまくなり》社）は二十年ごとの造替が政府によって行われてきた。

月夜見社については別宮の項で述べたので残りの二社について略述すると、まず草奈伎神社と大間国生神社は、現在の伊勢市常磐一丁目、ＪＲ山田上口《かみぐち》駅の近くに鎮座される。この辺り

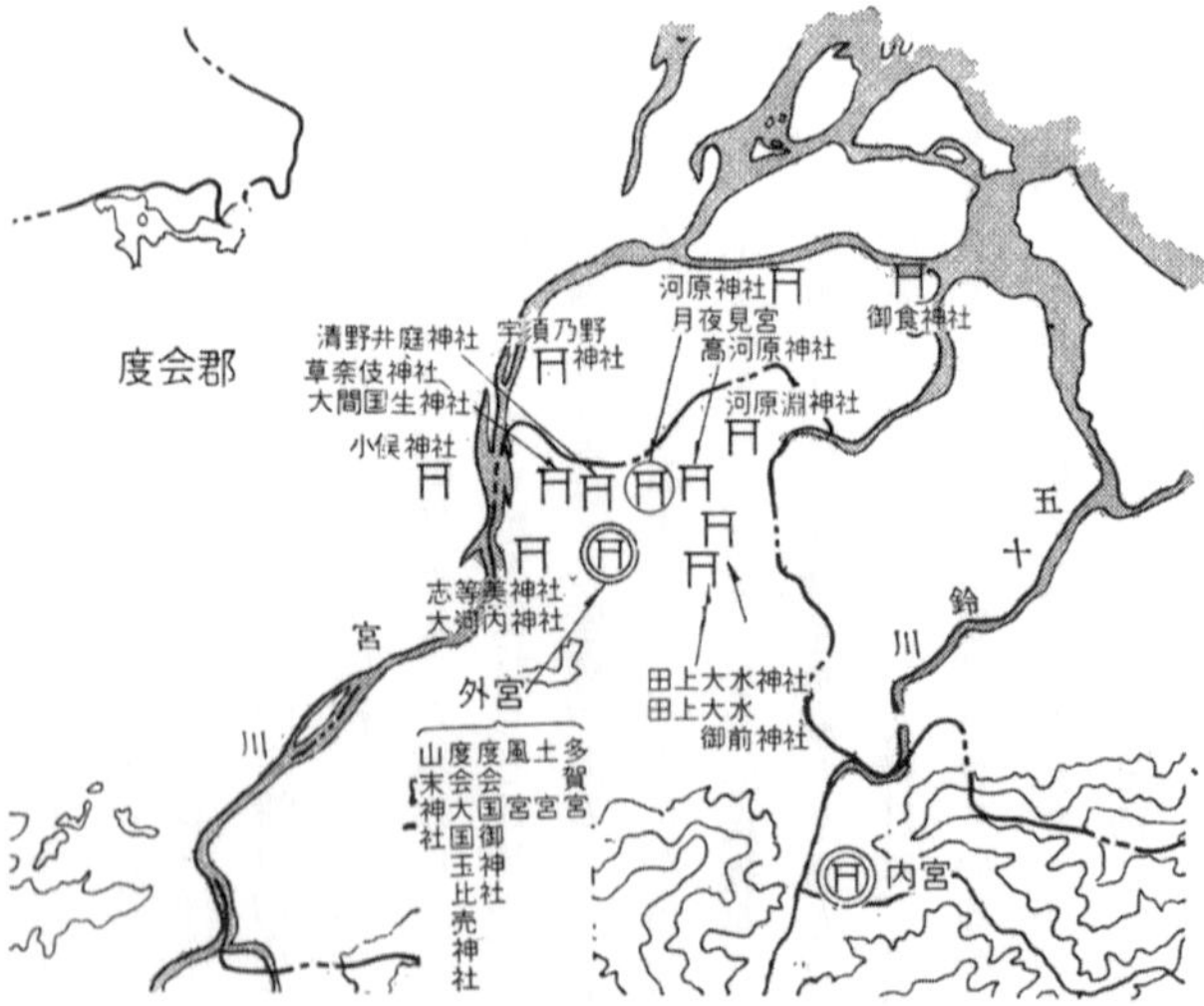

外宮摂社所在地一覧

は外宮と同じく上代の沼木《ぬき》郷であり、中でもこの両社のある大間広という土地は宮川の支流の間にひらけた台地であったといわれる。

『度会氏本系帳』などの所伝によると、遠祖大若子命《おおわくごのみこと》が荒ぶる神を平定した剣の霊を祭ったのが草奈伎神社であり、その大若子命を祭る社が大間国生神社であるという。内宮方の学者などはこういう所伝を不遜であるとしてきびしく批判しているが、その潤色めいた要素はともかくとして、度会の一族がかつて祖神と仰いだ神々であったということだけは尊重してよいと思われる。

この二社に次ぐのが度会国都御《わたらいのくにつみ》神《かみ》の社と度会之大国玉姫神の社で、

この両社のことは前にもふれた（今は『神名式』に従って度会国御神社、度会大国玉比売神社と表記される）。

次に田上の神の社が、例の大物忌の作る抜穂の御田のほとりに鎮座されている。タガミは田のほとりの意味であろう。『大神宮式』には田上の大水の社とあり、水の神と仰いでいるが、いずれにしても直接にはこの御田の守護神としてお祭りした社と考えられる。中世以来この祭神は度会氏の祖、小事という大神主の霊であると言い伝え、この社の祝《はふり》には度会神主の氏人を任じていた。城内にもとから祭られてあった前社《まえのやしろ》を独立の一社としたので、今日では田上大水神社と、田上大水御前《みまえ》神社の二社になっている。御前神社の方は小事の女宮子の霊を祭ると言い伝える。

そのほか、志等美《しとみ》神社、大河内神社、清野《きよの》井庭《いば》神社、高河原神社、河原淵神社、山末神社、御食神社の七社は今の伊勢市内に、河原神社、宇須乃野神社は隣接の御薗村の地内に、また小《お》俣《ばた》神社は宮川の西岸の度会郡小俣町に鎮座している。これらの摂社の多くは、中世に一時祭祀が絶えたため古来の鎮座地が不明確となったのを、近世初頭になって、外宮の神主たちが苦心の末に旧地を考証探索して復興したので、すべてが上代のままとは限らない。しかしこれらの地域が大体において度会氏一統の集落圏であったと考えるのは差支えないであろう。その範囲はおよそ外宮の周辺を南限として勢田川と宮川の下流地域にわたっている。宮川西岸の小俣神社をふくんでいることは、この「度会の大川」が度会氏の手中にあったことを物語るかもしれない。勢田川下流の「水戸《みなと》の御食都神の社」（『儀式帳』）を含むことは、この河口港が早くから要衝であったことを示すものであろうか。

　末社というのは『延喜式』の当時にもまだ国家の祭りをお受けにならなかったが、平安初期にはすでに度会宮の所管として公認されていた社のことで当時八社あった。その中で志宝屋社というのは宮川の河口に鎮座している。塩屋というのは後世に大湊として繁栄した港町の古名といわれるが、当時はまだその社も未官帳社であったとすれば、塩焼く煙の立つほどの小村にすぎなかったのであろうか。

　これらの摂社末社にはそれぞれ祝《はふり》が任命せられていて平素の守護に奉仕し、祭りの時は本宮の禰宜や内人がこの祝をひきいて奉仕したといわれる。現在でも宮城外の摂末社は神宮の祝部が常時の奉仕をし、祭儀には神宮の権禰宜や宮掌などの神職が参向してその伝統を守っている。

なお、摂末社で二十年ごとの遷宮にあずかる社もある。

六　皇大神の宮の鎮座

ヤマト国家の発展

大御神のご鎮座地が、大和の都から遠く離れた伊勢の東端に定められたのはどういう理由によったのか、だれでも一応は疑問とするところとみえる。昭和四二年（一九六七）の秋、三回目の訪日の機会に再度の参宮をしたアーノルト・トインビー（一八八九〜一九七五）博士からも初対面の席でいきなり質問をうけた。

一部史家たちの解釈によるとその理由はこう説かれる。この地は伊勢湾をへだてて尾張や三河方面にたいする交通上の要所である。そこでヤマト朝廷の東国発展のための重要な拠点として大御神の宮が創建されたのである、と。

しかし、この南伊勢の地だけがはたして当時の東方経略の拠点であったのかどうか。古典の伝えによると崇神天皇の妃として尾張大海媛《おおしあまひめ》がおられる。このお妃は尾張連《むらじ》の祖ともいうから、伊勢よりも尾張の方が、あるいは尾張もまた、ヤマト朝廷に親近であり、東方への基地になり得たかもしれない。しかし、じつのところ、こういう詮索は皇大神《すめおおみかみ》の宮のご鎮座という問題にとっては、あまり深いかかわりはないように私には思われる。

というのは、大御神を南勢の地にお祭り申しあげた真の理由が東方経略祈請のためであったとするのは一つの推論にすぎないからである。古典にはそんな理由をあげた伝承は一つも見あたらないのである。

そこで、もっともたしかなことは、たとえば『日本書紀』の記述にはどうあるか。その時代の国政にあずかっていた人たちはどういう伝承を後代のために書きのこしておいたか。これを確かめることが肝要であろう。そこで崇神、垂仁両朝の記事を見なければならない。この御二代の御謚号はあたかも敬天愛人にも似た対句になっているので、その記事もひとつづきに読みとるのが妥当と思われる。

是より先に、天照大神、倭大国魂《やまとのおおくにたま》の二神を、天皇の大殿《おおみあらか》の内に並べ祭る。然れどもその神の勢《みいきおい》を畏《おそ》りて、共に住み給うに安からず。故《かれ》、天照大神をもって豊鍬入姫命《とよすきいりひめのみこと》に託《つ》けまつりて、倭《やまと》の笠縫邑《かさぬいのむら》に祭る。

(『崇神紀六年』)

古代ヤマトの中心はいうまでもなく「天皇の大殿」であるから、天皇の権威の根元と仰がれる大神は、ヤマトの国つ神(地方神)の代表である倭大国魂神と並べてこの宮殿の内に奉斎され、そこで祭りが行われていた。このことをあたかも皇室がそのご祖先を私祭されていたように言う人もあるけれども、わが古典において天照大神のことを記述するのは、つねに、統治者としての天皇の祖神としてであって、けっして人間的な祖先霊としてでもなく、また私的な祭神でもなかった。

祖霊と祖神という二つの概念は、一般にはよく混同誤解される。しかし、この場合は大神と明記されているから、いわゆる祖霊ではないし、しかも神々の中の大神であらせられるということは、それだけですでに大きな社会の中心と仰がれる神なのである。

さて、『書紀』によると崇神天皇は「肇国《はつくに》知らす天皇」と申し上げている。この御代にはヤマトの政治が大いに整備され、四道将軍派遣などの伝承でも示されるようにその統治も前代よりは広域にわたり、いわば新しいヤマト国家としての新発足の時代とされている。そこでこの国の至上神と仰ぐ大神の祭儀についても改革が行われたとするのである。

その一つは倭《やまと》の国魂神とともに「並べ祭る」というような対等の状態が改められたことである。倭の神はそこで皇女ヌナキイリヒメに託《つ》けて祭らせ給うたのであるが、それは神意にそわなかったので、やがて倭の直《あたい》の祖である長尾市が神主に任ぜられた。倭の国魂神の祭りは天皇おみずからの政ではなくその地方豪族の政として委任される時代となったことを、このことは物語ると考えられる。そこまで国家として成長したということの具体的な表現である。

そこで天照大神のおん事を皇女にお託《つ》けになったという点であるが、ここで想いおこすのは伊勢の禰宜《ねぎ》と大物忌《おおものいみ》の関係である。伊勢では皇大神宮でも豊受大神宮でも、禰宜の斎戒の一部をその氏一統の童女に分担させる制度があり、これを物忌と名づけたことは外宮の章でも述べた。神を祭る上についての斎戒がマツリゴト全体についてのツツシミの中でも特別の厳格さを要請されてくると、同一の人格をもってはとうていこの要請にそいかねることになったときに、この制度は始まったといわれている。

崇神天皇が神勢をおそれたといい、またそれ故に皇女をして祭らしめ給うことがはじまった

笠縫の邑址（奈良県桜井市三輪町檜原）

古来多くの異説があるが，三輪の檜原の地は大和国原の平坦地を一眸の下に俯瞰しうる高燥な浄地である。大西源一博士は７か所の候補地を親しく踏査された上から，三輪の檜原の地をもって笠縫の邑の磯城の神籬阯とすることがもっとも合理的であるといっておられる。

のは、たとえるのは憚《はばか》りがあるけれども、共通した消息を伝えるものとしてよかろう。

そうなったからといって、大神を祭る主体が天皇ご自身であることに変化があったのではない。ただ、常時直接の奉侍者としては、格別の斎戒を要するとされる段階となったために、そのことにたえることのできる立場のお方に分担させられたのである。しかもそのお方は天皇のご分身ともいうべき内親王であった。つまりご血統においてもご本分においても統治者たる天皇のご分身にあたるお方が「大神の御杖代《みつえしろ》」となるという一つの規範を示しているのがこの崇神紀の記事と考えられる。後々の斎王制度の「ことのもと」なのである。

さて、倭の笠縫邑《かさぬいのむら》の所在については先学にいろいろと考証があるけれども、日向の高千穂に両説があるのと同じで、悠遠のことはなかなか現実の地点には求めがたいようである。今日では奈良県桜井市三輪の大神《おおみわ》神社の境内、檜原《ひばら》の地がそれであるとの説にもとづいて、近来その社域も大いに整備されてそのかみを偲ぶよすがとされている。

垂仁天皇が大神を先帝の皇女から離し奉って内親王倭姫命に託けられたのは即位二五年の三月と記述される。御代がわりによって斎王もまた交替するというのも後々の制度の原則としたところである。

『書紀』は、その前月の二月に天皇が重臣五大夫を召集して下された詔勅のことを伝えている。先帝の思召しをつつしんで受けついで神祇を篤く祭らなければならない。それが「人民富足、天下太平」を期するもっとも重要なマツリゴトであるという内容の詔である。翌三月にはじまる倭姫命のご巡行はじつにこの詔にたいする応答とうかがわれる。すなわち大神を永遠に鎮祭すべき地を求めて、東方さして倭姫命がご出発になるのも、ひとえに「崇神垂仁」の政務にほかならないとしなければならない。

まず皇居が瑞籬宮《みずがきのみや》から珠城宮《たまきのみや》に移されたことに照応して、大神の祭場も笠縫から菟田《うだ》の筱幡《ささはた》に移された。これは奈良県宇陀郡榛原町の筱幡《ささはた》神社がその聖蹟といわれている。しかしそこに留まり給うのではなかった。

さらに還りて近江の国に入り、東、美濃をめぐりて伊勢の国にいたる。

ヤマトの国内にお祭り申しあげるに留まる限りでは新しく「はつくに」を国作りされた時代の祭場としては適当ではなかったのであろう。近江美濃伊勢と、おそらくは新しいヤマト国家の東方の国々をぐるりとご巡行になるのである。

常世の浪　そういうご巡幸伝承の中で最大の眼目となるのは次の記事であろう。

時に天照大神、倭姫命におしえて曰《のたまわ》く、「この神風の伊勢の国は常世《とこよ》の浪の重浪《しきなみ》の帰《よ》する国なり。傍国《かたくに》の可怜《うま》し国なり。この国に居らむとおもう」とのたまう。(『垂仁紀二五年』)

いわゆる国祝《ほ》ぎの詞章をもって語られているが、ここに注目しなければならないのは常世の浪のことであろう。

常世の国とは常住不変の国という上代人のユートピアであった。伊勢の海のかなたにヤマトびとが望見したのは、けっして荒ぶる神たちの住む未統治の東国とは書いていない。そこには東方の理想郷、永遠の生命の国である常世の国が描かれているのである。「天壌《あめつち》の共《むた》、窮《きわま》り無かるべし」という神勅を同じ『書紀』は神代の巻で伝えているが、この「垂仁紀」は同じことを現実のヤマト国家の東方の海に常世の国として望見した。

無窮の生命を保証する常世の浪がひたひたと不断に打ち寄せる「潮気のみ香《かお》れる」めでたい磯辺を持つ伊勢の国こそは、新生ヤマト国家の東のはての磯辺であった。ここは天皇のご統治、すなわち天照大神の神威の及ぶ限りにおける傍国《かたくに》、さいはての国である。傍国《かたくに》なればこそめでたい常世の浪が無限の祝福をのせて、日夜絶えまなくハックニの讃歌をかなでてくれる地であった。

これこそまさにこの新しいヤマト国家の至上の大神を鎮祭申しあげるにもっともふさわしい、いいかえると、大神のご神慮にもっともかなう可怜《うまし》国《くに》ではなかったか。

ところが、またある人々はいう。伊勢の度会《わたらい》の国にはもともと太陽信仰があったので、それが大きな理由であったと。しかし、太陽そのものを祭るという習俗が古代日本にはたしてあったのかどうか。これを積極的に肯定するに足る材料はまだどこからも出ていない。まして伊勢地方においても何一つこういう仮説を裏づけるような事実は見られない。天子の徳を日月にくらべたり、あるいは日月の光を仁君の象徴とするような例は中国の古文献にしばし見られる。さらにまた、『礼記《らいき》』などに「天に二日なく地に二王なし」とあるのは、地上の王を天上の日にたとえたもので、これはわが『日本書紀』の皇極天皇元年（六四二）の条や孝徳天皇大化二年（六四六）の条にもとり入れられているところをみると、天皇を日にたとえて讃える思想は早くからあったとしてよい。また『古事記』雄略天皇の段には、大后の作として、

（上略）新嘗屋《にひなへや》に生《お》ひ立てる葉広・五百津《ゆつ》真椿　そが葉の広りいまし　そが花の照りいます

高光る日のみこに　豊御酒《とよみき》　献《たてまつ》らせ　云々」

とある。新嘗の祭りを行われる天皇への讃歌であるが、この歌には、天皇のお徳が広く天下を覆われることと、椿の花のように照りかがやきますという、二面をうたい上げ、そして「高光る日のみこ」とも申し上げている。これは正に『礼記』と同様に、天皇を天つ日そのものとたとえたものではなかろうか。『万葉集』でしばしば大王《おおきみ》を「高照らす日のみこ」とうたい上げたり、あるいは草壁皇太子（天武天皇の皇子、六六二～六八九）を日並《みなめし》の皇子と称えるのも、日即ち天皇に並ぶほどの威光を讃えたものであるとは国文学者たちのつとに指摘した所である。「日の御門《みかど》」は天子の宮殿をさし「日の宮人」はその宮殿に仕える人々をさすところをみても、上代にあっては、天皇を日とたたえ、その威徳を「高照らす」「高光る」と形容するのは何人も容認するところであった。

天皇にしてすでに日であるならばその権威の始原がまた日神とたたえられるのはまことに自然な発想であった。「高照らす」に対して「天照らす」という形容もかくして生じたものとしてよいであろう。

天照大神の背後に太陽神をみるのではなく、大神の前面に現世の日と仰ぐ天皇を見たのが私たちの先祖だったのである。

大神降臨　「垂仁紀」には前述の文につづけて

故《かれ》、大神の教のままに、その祠《やしろ》を伊勢の国に立てたまう。よりて斎宮を五十鈴川の上《ほとり》にたつ。これを磯の宮という。すなわち、天照大神の始めて天《あめ》より降《くだ》ります処なり。

とある。これについてもこれまでにいろいろの解釈がある。五十鈴川のほとりに立てられて磯の宮ととなえられた斎宮とは、大御神をお祭りする宮なのか、それとも斎王倭姫命の宮なのか、というのである。後に度会の国の東端（多気郡となる）にできた斎王のご殿を斎宮とよぶので、磯の宮はその当初の御殿だとするのが後者である。柿本人麻呂の長歌に「渡会《わたらい》の斎《いつき》の宮ゆ、神風にい吹きまどはし」とある斎の宮は大神を祭る宮であるから、磯の宮と称した斎宮もこれと同義であるというのが前者である。

ところが前記のご鎮座伝承でみる限りでは、大御神と斎王とは不二一体であらせられるのであるから、大神の御魂（神鏡）を斎《いつ》き奉る宮は、とりもなおさず斎王の侍り給うご殿でもあると理解するのが妥当であろう。

またここに「祠を立つ」とあるが、この祠という文字を今日の常識でささやかなホコラのよ

内宮ご正殿（平成５年９月撮）

うに解して、当初はまことに微々たる設備でしかなかった、国家的に重要な存在ではなかったという証拠にしようという人もある。なるほどはじめから今日仰ぐような壮大な宮殿はなかったにちがいないが、その根拠をこの祠という文字で説明しようとするのはどうであろうか。また、たとえその設備が後代ほどでなかったからといって、国家的な祭祀が行われなかったという証拠にはならないのである。祠というのはもともと祀と同義の文字であるから、祭りの施設というほどの意味であろう。規模の大小はこの文字だけではわからないのである。これは雄略紀や継体紀などの斎王の記事において「伊勢の大神の祠に侍らしむ」とある場合も同じことで、大神の祭儀の庭に侍り給うことをいうものではあるまいか。

さて前記、引用文の末尾には大神降臨の伝承がある。これに関連して想いおこすのは『皇大神宮儀式帳』（延暦二三年）の冒頭の記事である。かいつまんで要点を摘記しよう。

1　大神を奉戴せられた倭姫命は五柱の命《みこと》を従えて大和の三輪をご出発になる。

2　大神のみ心にかなう土地を求めてつぎつぎとご巡歴になる。

3　度会の宇治にお着きになると猿田彦の末である太田命《おおたのみこと》が大神の宮処を奉る。

4　そこで、「朝日の来向う国……大みこころ鎮まります国」と悦び給うて、ここに大宮を定められた。

と以上であるが、これは『古事記』天孫降臨の条と読みくらべてみると、その文脈の相似は驚くほどである。

天孫降臨というけれども、これは言いかえると天照大神が「わが魂《みたま》」と仰せられた神鏡が高天原からお降りになることであり、皇居の地から鄙《ひな》の地に内親王がその神鏡を奉戴してご巡行になる記事と似ていることに不思議はないが、念のため『古事記』の方を要約するとこうなる。

1　斎鏡を奉戴せられる天孫ニニギノミコトは五伴緒《いつとものお》をおつれになった。

2　天の八重雲を押しわけてクシフル峯にお降りになり、さらに海辺のカササの岬へと巡行される。

3　国つ神である猿田彦大神がご案内を申しあげる。

4　「朝日の直《ただ》さす国、夕日の日照る国、故《かれ》、いと吉《よ》きところ」と悦ばれて宮居を定められた。

『儀式帳』が五柱のミコトとしてあげているのは、阿倍（武渟川別）、和珥《わに》（彦国葺）、中臣《なかとみ》（大鹿嶋命）、物部（十千根命）及び大伴（武日）の五氏の祖であるがこの五人の名はじつは前述した「垂仁紀」二五年二月に神祇敬祭の詔をたまわった五大夫の名をそのままに伝えたものにほかならない。「垂仁紀」には五大夫が倭姫命に随従するような記事は全然ない。

常識的に考えても、いつどこで果てるか予想もつかないご巡行に従うために、五人の重臣がうち揃って天皇のそばを離れるということがあり得たであろうか。そればかりか、「垂仁紀」一書の所伝によると、大御神が伊勢にご鎮座になられたのは同天皇二六年九月（『紀』原文は十月）である。この年の八月には、物部十千根は勅を奉じて出雲の神宝検校という重大な使いをしているのであるから、少くとも五大夫の中のこの一人は伊勢まで随従しなかったことになる。

伝承というものは、このようにいろいろ付き合わせると矛盾がでてくる。伝承は一つ一つが意味をもつのであって、つきまぜて読んではならないものなのである。そういうことをするのは、古伝承の記述者にとっては迷惑至極のことにちがいない。『儀式帳』と『書紀』の伝承を右のようにつき合わせるのがそもそもまちがっているのである。しかしそのことは、『儀式帳』の伝承が『書紀』や『古事記』を一つのモデルとしたということを否定するものではない。

猿田彦大神とは天孫降臨のとき「吾は伊勢の狭長田《さながた》の五十鈴の川上にいたるべし」といったと伝える神である。そして『儀式帳』によると、ご鎮座の宮地をご案内したのはこの猿田彦大神を祖神と仰ぐ太田命である。さらに、この子孫は皇大神宮においては宇治大内人《おおうちんど》という要職を帯びて奉仕する磯部一族の宇治土公《うじとこ》氏なのである。

皇大神宮禰宜の荒木田《あらきだ》神主というのは、その系図の主張するところによると中臣大鹿嶋命を先祖とする一族である。伊勢の神主組織のなかで中臣氏を祖と称するのはこの氏族だけであるが、その問題はさておき、『儀式帳』の選述はじつはほかならぬこの荒木田禰宜と宇治大内人たちなのであった。政府に差し出す『儀式帳』の冒頭に、ご鎮座の伝承をのせ、そのご鎮座についてはお伴《とも》をした者とお迎えした者の名をのせる。すなわち、禰宜はお伴の一人の子孫であり、その次席の大内人はお迎えした代表者の子孫である、というのがその要点なのである。これは一般神社の縁起において祭神とその奉仕者との神縁を語る場合の一つのタイプであって、『儀式帳』に限ったことではない。従ってその部分は一応ここでは問題の外においてよいのである。

それよりもここでの主眼は天孫降臨の再現という点にある。五大夫というような重臣が実際に随従したかどうか、という史実の詮索はじつは無用なのである。古伝承というものは文化の論理をなまなましく情緒の波に乗せて後代へと語りかけてくれるところに大きな意義が存する。大神がこのような厳然たる威儀をお備えになって皇居の地をお離れになったことを五大夫のお伴ということで示せば足りるのである。それはまさに高天原から天の八重雲を押し分けて神威かがやかしく天降りし給う御威儀とまったく同じお姿として物語っているのである。

そして東の国々をめぐられたそのはてに、ヤマト国家の永遠の栄えを保証するめでたい土地に、神慮うるわしくお鎮まりあそばされたことを『儀式帳』は伝えているのである。

浪の音きこえぬ国
風の音きこえぬ国
弓矢鞆《とも》の音きこえぬ国
大みこころ鎮まる国

（『儀式帳』）

このように畳みこんだ国ほがいの詞章の中からは、東国経略というような戦略などはつゆさえ読みとれない。ひたすらにその大宮どころの安らけさだけが祝禱されているのである。

いすず川すみわたりたる神かぜの
常世の浪の　音ぞ　のどけき

熊谷立閑（一六七八）

七　山川も寄りて仕える

外宮の参詣を終わって内宮に向かうと、行くてに望まれるのは千古の翠緑をたたえて鬱蒼としげる山々である。

神路山と島路山

神々のなかでも、わけて至上の大神と仰ぎまつる天照坐皇大御神《あまてらしますすめおおみかみ》の永遠のご鎮座地は

　五十鈴川のほとりの大山の中

と『延喜式』に記され、また

　東南西は深山にして人宅なし

とも延長四年（九二六）の太政官符は伝えているが、その深山の姿は一千年の昔だけのことではなかった。

西行法師（一一一八―九〇）はその晩年の両三年を伊勢にすごした。その草庵は皇大神宮の坐《ま》します宇治の里の山かげにあったといわれ、今も宇治橋の東北方約一キロにあたる五十鈴《いすず》墜道の近傍に西行谷の名が残っている。西行がそのころ神宮に奉納した『御裳裾河歌合《みもすそがわうたあわせ》』の中で詠進した歌に

　ふかく入りて神路の奥をたづぬれば

の一首がある。これは、幽遠な求道の旅路のはてに、大御神を拝し奉った無上の歓びをうたいあげたものと思われるが、その心的体験はおそらく現実の路程のはるけさに裏づけられていたはずである。

古代、外宮と内宮と隔たること七里といわれた。当時の一里は六町（約六五〇メートル）だから七里は約五キロ。この参詣道の情況は興国三年（一三四二）にこの道を歩いた坂十仏の麗筆によると、こんなありさまであった。

山田より内宮へ参る道すがら、いやしき筆のはしに述べがたし。あるいは水煙山を浮べて影を重溟（大河のこと）にさかさまにせる所もあり。あるいは雲気道を埋めて嶺《みね》を千嶺にかくす所もあり。……檜原がくれの木深きかげをはるかに分け入るほどに、道は人煙を離れてたちまちに有漏《うろ》の境（俗世間のこと）をのがれぬるかと覚え、山は仙雲に隣りて、すでに無何《ぶか》のさとり（仙人の境地）に至れるかと疑う。（『伊勢大神宮参詣記』）

これが、西行の時代からさらに二百六十余年も後の風景であった。このような幽邃夢幻の趣を漂よわせる道こそまさに神路《かみじ》ではなかったろうか。

阿波の国をこころざす道が淡路とよばれ、熊野詣での道が熊野路と名づけられたように、大神の宮居をさしてわけ入る道が神路（または神道《かみじ》）ととなえられ、その名がやがて背後の山々の総名ともされた、というのが神道《かみじ》山あるいは神路山の由来ではなかったか。西行や十仏たちの

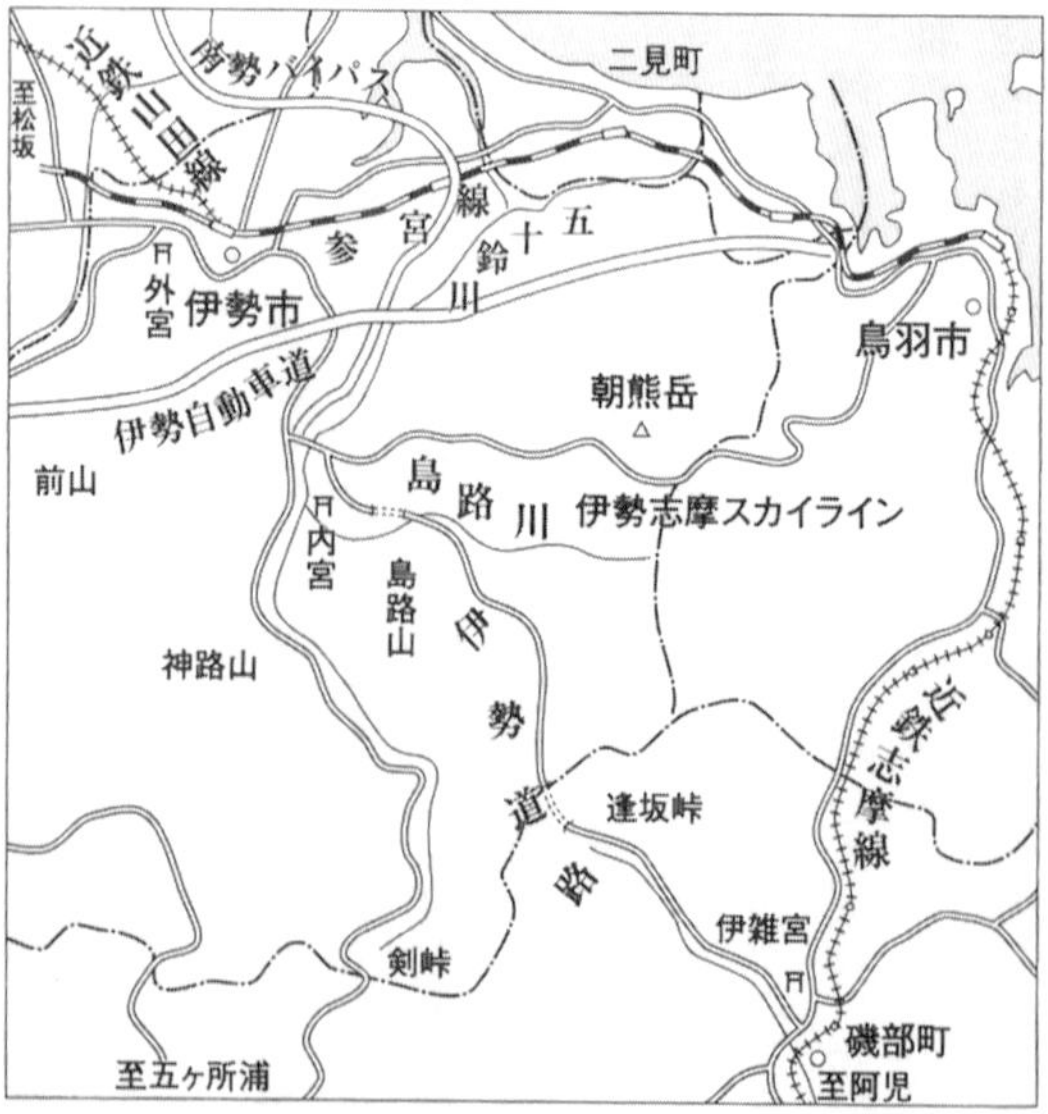

杖をひいた昔をしのぶにつけて、私はそんな気がしてならない。

この神道山の名が初めてみえるのは、寛仁三年（一〇一九）に内宮の式年遷宮のためのご用材を、志摩国答志郡で採取せざるを得なかった時、忌まわしい穢でもあったのか「伊勢国神道山の御杣《みそま》、子細あるによって」と、御杣《みそま》の変更をのべた記録である。しかし、これは室町時代の『園太暦』の記事であるから、はたして寛仁当時の称呼かどうか、確かにはいえない。

はっきりしたところでは『吾妻鏡』の治承五年（一一八一）の記事に、熊野山の衆徒に襲撃された志摩の国の警固役、伊豆江四郎が「大神宮鎮座の神道山を経て宇治岡に」のがれたとあるのが古いとされている。これは西行法師が『歌合』を奉納する八年前の事件である。神道《かみじ》の深山は、時に敗残の東国武士をもかくまったかと、あらためてふり仰がれることである。

ところで、いつの頃からか、内宮の裏山を志摩の国の方へ川沿いにたどってゆく道が開かれた。これが志摩路である。そのためにこの道の左右の山々を島路山とよぶことになり、川は島路川と名づけられた。島路川をさかのぼって国境の逢坂峠を越えると皇大神宮の別宮伊雑宮《いざわのみや》のご鎮座になる伊雑《いざわ》の神戸《かんべ》の里に出たのである。

皇大神宮ご鎮座の昔、倭姫命が大神にお供えする御贄《みにえ》の供給地を求めて志摩の国にお出になり、その折にご創建になったという伝承をもつこの伊雑宮は、『延喜式』にも「大神の遥宮（とおのみや）」と記《しる》され、早くから春の祈年祭、秋の神嘗祭の二度ともに官幣がお供えされていたから、これを奉じて内宮の禰宜たちが当時の里程の八三里五四キロ余の山径を参向したのであった。しかし、千年の昔この島路が通じていたとすれば五四キロもあるはずはない。恐らく当時の駅路を辿ったのであろう（『磯部町史』参照）。

近来この島路は伊勢道路とよばれるドライブコースになり、西行谷の南に五十鈴トンネルを通し、島路川の渓谷の眺めをほしいままにしながら、やがて逢坂峠の下もトンネルでくぐって志摩郡の磯部町に出る。車で二、三十分、商品の流通と観光に大きな役目をはたす道になった。

伊雑宮

みごとな平地林に囲まれた別宮である。

そこで今では伊雑宮に参向する神職も、宮中からお供えの幣帛を自動車によって護送することになり、野猿の叫びをききながら、山坂をこえて官幣辛櫃《からひつ》の護送をしたことも昔語りとなった。

　この島路川がご正宮の正面の樹間を流れる五十鈴川となり、やがて参宮者が手を洗い口をすすぐ御手洗場《みたらし》へその清らかな姿を現わすのであるが、その御手洗場のすぐ川上で神路山の谷々から来る川と合流する。これは内宮から南にあたる方面の大小の渓谷を水源とする川で、近来はこちらを五十鈴川本流とよんでいる。神路川とよぶ人もあるのは、この川の集水区域を神路山というからである。

　川沿いに県道が一本走っている。宇治橋の西から五十鈴川本流にそうて約一六キロで剣《つるぎ》峠をこえ、度会郡南島町の五ヶ所浦へ通じている。

神域の宝

　神路山と島路山、それに神路山の西の方に接する前山を合わせて約五四二〇ヘクタルは神宮境内地に属する山林である。

　そのうち内宮の御敷地《みしきち》を中心とする一帯九〇・七ヘクタルを神域とよぶ。この神域はもっとも神聖を保つべき区域であるから、その中の樹木は、生育を助長するためのほかまったく斧《おの》を入れることはない。自然に枯れるとか、風雨できずついた時はやむを得ないけれども、そうでない限りは枝一つ払うのもはばかる、いわゆる禁伐林である。

　昼なお暗いばかりに参道を包む木立ちは、このようにして古来守られ、それでこそ神気ただようあの森厳が保たれてきたのである。

昭和三四年九月二六日の夜おそった風速六〇メートルをこえる伊勢湾台風のために、樹齢六、七百

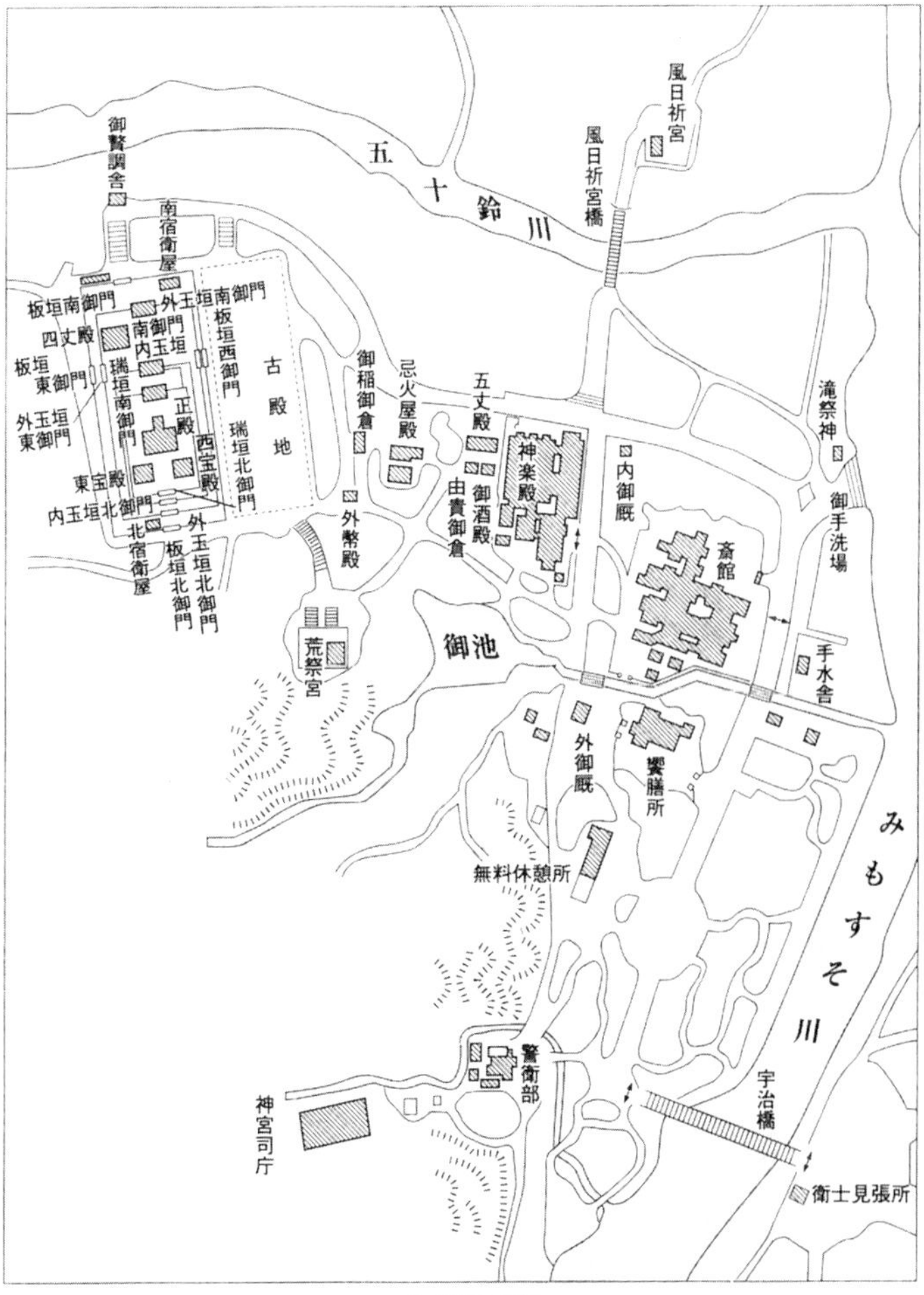
五十鈴川
風日祈宮
風日祈宮橋
御贄調舎
南宿衛屋
板垣南御門
外玉垣南御門
四丈殿
南御門
内玉垣
板垣西御門
板垣東御門
瑞垣南御門
古殿地
外玉垣東御門
正殿
瑞垣北御門
東宝殿
西宝殿
内玉垣北御門
北宿衛屋
外玉垣北御門
板垣北御門
御稲御倉
忌火屋殿
五丈殿
神楽殿
滝祭神
内御厩
御酒殿
由貴御倉
外幣殿
斎館
御手洗場
荒祭宮
御池
手水舎
外御厩
饗膳所
無料休憩所
みもすそ川
警衛部
宇治橋
神宮司庁
衛士見張所

内宮宮域図

年の老杉をふくむ数十本の巨木を惜しくも失ったけれども、その翌春から補植したスギ、ヒノキなどはすくすくと育っている。そのなかには、昭和三七年五月お揃いでご参拝あそばされた昭和天皇からとくに苗木の料をご下賜いただいたので、思召《おぼしめ》しを体してその翌年の早春に植えた若杉もまじっている。それとわかる表示はわざと施していないけれども、神域に歩を運ぶたびに私は、あの日のご参拝に両陛下のご先行を奉仕した感激を思い出しながら、常緑の梢を仰ぎ見ることである。

御敷地《みしきち》附近の参道に立っている大杉の幹には竹で編んだプロテクターが巻いてあるので、外国人からはよく質問を受ける。参拝者が樹皮を剝いでお守りにするから、などと正直に答えられたものではないから、適当な返答を用意しておかなければならない。

桜の季節がすぎて、楠や楓の若葉が光るころもよいが、梅雨のしとしとと降る中に、常緑広葉樹が白っぽい花を咲かせる季節も捨てがたい。

紅葉は何といっても五十鈴川の川べり、御手洗場の対岸も見どころであるし、風宮橋に立って眺める楓もみじはことに風情がある。

貞享五年(一六八八)二月に参宮した芭蕉(一六四四〜九四)は、「神垣のうちに梅一木もなし。いかに故あることにやと、神司《かんづかさ》などに尋《たず》ね侍《はべ》れば、ただ何とはなし、おのずから梅一もともなくて、子良《こら》の館《たち》のうしろに一もと侍《はべ》るよしを語り伝う」と前書きして

お子良子《こらご》の一もとゆかし梅の花

と詠《よ》んでいる。お子良とは物忌《ものいみ》の子らのことで、内宮では荒木田一族の童女が奉仕していた。昔は本宮に七人の童女と二人の童男、合せて九人の物忌があったが、平安時代の末からは大物忌という童女一人になった。

子良の宿館は第二鳥居から神楽殿の方にゆく参道の右側、お札の授与所の前あたりにあった筈である。芭蕉の時代には子良館《こらのたち》とよんでいたが、一本の梅は館の後方にあったというのだから、むろん芭蕉は見るわけにはいかなかったであろう。お子良の姿もおそらく思い描いただけかもしれない。しかし、芭蕉の澄み透った心の眼にはその二つが一つとなって、ありありとうつったのであろう。

四季おりおりの趣は目にうつるものばかりではない。春たけて梢に鳴くヒメハルゼミ。夏の五十鈴川原に玉をころばすかにきこえるカジカの声。秋晴れの神域に飛び交うコガワラヒタキの朗らかな囀り。数えあげるときりもない。この無限の宝を、年間六百万をこえる参詣者の、はたして幾人がその家苞《いえづと》に持ち帰っているであろうか。

宮域林

五五三五㌶から神域を除いた山林が宮域林《きゅういきりん》である。この名がむずかしいのか、近ごろ新聞などにはもっぱら神宮林と書かれるので、私たちも一般向きにはそうもいう。

宮域林は二つに区分する。神域の周囲と宇治橋の附近、それに、市内などから遠望される地帯を第一宮域林、その他を第二宮域林としてある。

第一宮域林は準禁伐林ということにしてあるから、撫育と風致の改良に必要なとき以外には、立木の伐採をすることはない。天然生のスギやヒノキもあるけれども、暖地性の広葉樹が多く、その間に松があったり山桜が咲いたりもする。宮域林の中では猪、鹿、猿、狐、兎などが繁殖しているが、なかでも猪は里の田畑を荒らしに出かけるので、害獣駆除の対象にされることも避けられない。神域はもとより、宮域林もすべて境内であるから禁猟地であるけれども、第二宮域林の中では時に応じてやむを得ずこの害獣駆除のために入猟を許可することがある。自然、山の動物たちは第一宮域林や神域の方へ逃避してくることにもなる。

　こうして第一宮域林は、動植物ともに天然の姿を今に留めているのであるが、あの伊勢湾台風では、やはり一〇〇㌶ばかり、局所的に大きい被害があった。そこで倒木のもっともひどかった神域の一画の山の頂きを約三㌶ほど、まったく整理の手を付けないで当時の状態そのままに残すことになった。これは嶺一三博士の助言によったのであるが、五十年後、百年後にどんな原始林の様相を示すことになるか。学術上に必ず貢献するところがあるにちがいない。そしてその成果はまた、ひとり神宮林といわずわが国の自然管理の上に少なからぬ指針を与えてくれると思われる。昭和天皇に台風の被害を内奏した当時の大宮司がこのことを申し上げたところ少なからず関心をお示し遊ばされたそうである。

　第二宮域林は神宮のバックを形成する風致の増進と五十鈴川の水源をそだてる目的で管理されていることはいうまでもないが、その方法の一つとして計画的な造林がこの区域では積極的に行われていることが第一宮域林とちがう点である。

　造林の主とするところは将来のご造営用材の生産である。第一義の目的にそいながらこの副目的を達成しようというのである。そのためには斯界権威者による委員会が設けられていて、あらゆる角度から検討を加えた緻密な経営計画が立てられ、それによって毎年の事業が進められている。

一回の式年遷宮には約一万立方メートルの素材が必要である。いまは木曽の国有林にたよっているが、二百年三百年ののちまでは、さすがの木曽ヒノキも備蓄がないのだから、どうしても自給自足の準備をしておかなければならない。そこで第二宮域林の中に約三千ヘクタールだけはヒノキの造林が始められているのである。明治二四年から平成七年までの間に植栽した面積二、四一六ヘクタール。台風で一部をやられたのでそこにも造林された。なお、宮崎・熊本両県下には明治百年記念林を設けヒノキの造成につとめている。

この造林作業には有志の人々の奉仕もあった。それは大日本山林会の斡旋によって昭和二七年から五六年までつづけられた。神宮では神路山と島路山にそれぞれ宿泊の設備をして、これら老若男女、色とりどりの奇特な人達一万余名を迎えた。二月中頃から三月の末までは植樹作業に、十月から十二月は枝打ちと間伐に奉仕してもらったのであるがその植栽は五四六ヘクタールに及んだ。二百年、三百年の将来を期しての遠大な計画それ自体が、伊勢の神宮の本質をそのまま物語っているといえよう。

五十鈴川

その流域は水源から河口まで二〇キロあまりの川ではあるけれども、伊勢といえば誰でもすぐに思い出すのが五十鈴川の清冽な流れである。

伊鈴川、伊須受の宮、などとイスズの語にあてる文字もいろいろあったけれども、やがて五十鈴に固定した。この鈴という文字にこだわっていろいろの伝説も生まれたが、あのせせらぎの響きを伝えるのにふさわしい文字と考えたのかもしれない。しかしイスズということばは鈴そのものとは関係がない。国語学者によると、イは漢字の斎にあたる清浄をあらわす接頭語で、スズは濯ぐという意味だとも、あるいは磯洲からイスズに変化したものともされる。

昔は正宮の正面あたりで川が二筋になっていたので、その中島に度会郡司が黒木の橋をかけた。神嘗祭を始めとするいわゆる三節の祭りごとにその橋は用いるだけで、平常は誰も渡ることのできない定めであった。

この中島には式年遷宮のたびごとに造宮使が石畳を設けることになっていたが、この石畳とは豊受大神《とようけのおおかみ》がおはいりになる神座と伝える。天照大御神にお供えする御贄《みにえ》のお調理は、御饌《みけ》の守護神のご加護のもとに行われるのであって、この伝統は今日も御贄調舎《ちょうしゃ》で行われる行事にひきつがれている。もっとも川の流れはいつの時代にか変化したために中島はなくなり、また川水で御贄を洗い清めることも明治維新以後は改められ、御贄調舎で御贄小刀と忌箸《いみはし》および御塩をもって御料のアワビをお調理する儀式だけが行われることになった。それは後の変化であるが、このように大御神の御贄をまずこの川水ですすぎ清めるという大切な行事が、ご鎮座の昔から行われたとすれば、この川にイスズと名付けた理由も、あるいはそこにあったのかもしれない。

この川にはまた、御裳濯川《みもすそ》という異名がある。伝承によると、むかし倭姫命が御裳《みも》の裾を濯ぎ給うたことに由来するという。平安時代の儀式によると、斎内親王は外宮の祭に奉侍せられた翌日、あらためて宮川の彼方の離宮院から輿《こし》に召されて内宮に向かわれる。上古はまだ宇治橋はかかっていなかったから、おそらくさらに下流で川を渡り、右岸から内宮の域内におはいりになったはずである。そして今の第一鳥居の少し上《かみ》の方で五十鈴川の川原に降り立たれ、長い裳裾を曳きながら水際までお進みになってミソギの儀式をなさるのであった。そのあでやかな中にもすがすがしい情景はまことに印象的であったにちがいない。その情景を初代の斎王とも申すべき倭姫命の上に思いめぐらしたのが、ミモスソ川の命名説話になったのかもしれない。

五十鈴川御手洗場

宇治橋を渡ってきた参拝の人たちは，まずこの御手洗場におりて手をすすぐとき水の清らかさにおどろく。

なお『建久年中行事』によると、三節の祭りの十六日になると、斎内親王のお付きの女官から、

　みもすそがはの水とりてまいらせたまうべし

という女房奉書が皇大神宮一ノ禰宜の許《もと》へ届けられる。そこで滝祭の瀬で汲んだ水を竹筒に入れて斎王さまに差し上げることになっていた。滝祭の瀬というのが今のどこらあたりになるのか的確にはわからないが、それは斎内親王の御《み》禊《そぎ》にゆかりのある場所にちがいない。およそ、第一鳥居から所管社滝祭神の辺りまでのところとみて大過あるまい。

のちに人々が参宮するようになると、斎王の御禊にならって、やはりこの辺りでミソギをしたことは、例の十仏の名文がよく伝えている。

山風時々しぐれて、夕浪立ちさわぐ河のほとりに、参宮の輩《やから》、垢離《こり》をかきて寒げなる気色《けしき》もなし。麻の衣のいやしき賤《しず》の女《め》も身を清めぬれば、と、よろこぶ色あり。花やかなる袂《たもと》のにおい深き人も、肌をあらわにして、はずかしめたる顔《かんばせ》も見せず（『伊勢太神宮参詣記』）

修学旅行で参宮した泉大津市の一小学生の感想文が、神宮の機関誌『瑞垣』にのっている。その一節、

宇治橋を渡ってすこし行くと美しい川まで来る。みんな手を洗うことになったが、私みたいなきたない手を、あんな美しい水につけるともったいないような気がしました。つめたくてとてもいい気持でした。その美しい手で神様をおがむのは、ほんとうにありがたいと思いました。

観察者の描写と体験者の告白の相違は別として、この二つの文章をつづけてよむと、五十鈴川という川の不可思議を感じないではおられない。数百年を今日の一日にしてしまう不思議を秘めているようである。

当年皇女衣裳を濯ぎたまう
流水年深く　石を抱いて長《とこしえ》なり
波上の春風　夕照を揺《ゆる》がし

手中に一掬《きく》して　塵腸を爽やかにす
上《かみ》の流れでは御贄を濯ぎ、その下では参宮人の塵腸を爽やかにするという　（熊谷立閑）

のが、神域内におけるイスズ川のもっとも大切な機能であり、存在意義でもあるけれども、その流域の全体にわたって考えると、この川は神宮にとってさらに多くの役目をはたしてきた。

運ぶ川・育てる川

まず御饌の御贄はどこで採取し、どこから搬入してくるかであるが、ルートはやはり御食《みけ》つ国志摩からこの五十鈴川を経てきたと考えるのが順当である。三節の祭りにあたって、禰宜以下の神主たちが魚介海草などを採取にでかけていくことはおそらく当初からの大切な神事であったと思われる。その場所は「伊勢と志摩の堺」となっていたから、古くは鳥羽の海であった。のちに伊介《いけ》の浦（現在の二見町池の浦）、さらに神前《こうざき》（同町江）というようにしだいに伊勢に近づき、採取する御贄も形ばかりになってきたが、それでも明治の改革までは、たとい年一回でも贄海《にえのうみ》神事ということがつづけられていた。外宮でもそうであるが、内宮の神人にも磯部という一族が少なくない。漁撈は彼らの先祖の得意とするところであったかも知れない。

この贄海神事にでかけてゆく舟の発着地は五十鈴川下流の鹿海《かのめ》という村（伊勢市鹿海町）で、ここには当時の舟棹を今も大切に保存している家がある。（昔はここを「鹿海船津」といった）

眼を上流に転じてその水源の一帯を考えると、それは皇大神宮のご正宮以下の殿舎造営のご用材を採取する、いわゆる御杣《みそま》であり、五十鈴川はその輸送路であった。

二十年ごとの造替は天武天皇（在位六七三〜六八六）のご宿願により次の持統天皇のみ代に始め

られたと伝承するが、この七世紀以前にも、どのような形態にせよ、祭儀のための施設が全くなかったはずはない。そういう用材はすべてこの宮山から伐り出され、流れにのせて運んだにちがいない。記録によると、少くとも十世紀初頭まで、数十度の式年遷宮のための御杣は例外なくこの川の上流であった。

ところで、前述の鹿海《かのめ》から上流の村々の古い地名を順々にたどってみると、朝熊（浅隈の義）、家田《やた》（今の楠部町）、納米《のうしね》（今の中村町）、楊田《ようだ》（同）、川原田（同）、岩井田（今の宇治館町）、浦田（今の宇治浦田）、それに岡田（今の宇治橋前の町並み）というように、すべて稲作に関係のある名がついている。

朝熊には、皇大神宮摂社の筆頭にあげられ、かつては山田が原の月夜見神社や草奈伎神社と同じく、二十年ごとに造宮使によって造替せられた朝熊《あさくま》神社と朝熊御前《あさくまみまえ》神社がある。今はこの鎮座地をアサマ町といい背後の山を朝熊《あさま》山というけれども、神社名の方は古い地名をとどめてアサクマ神社ととなえる。大歳の神をまつるとも昔からいわれている。

家田《やた》には神田一町歩があって、ご鎮座の当初、太田命《おおたのみこと》がたてまつったと伝える。現在は三ヘクタルに拡張し、皇大神宮はもとより豊受大神宮始めすべての宮社の大御饌、外宮の御饌殿で奉仕する常典の御饌などの一切の御料米はこの神田の所産である。この神田の近傍には摂社大土御祖《おおつちみおや》神社と国津御祖《くにつみおや》神社が鎮座している。

納米《のうしね》や楊田《ようだ》という地名はもはや忘れられてしまったが、かつての河原田村には皇大神宮別宮の月読宮以下四宮がある。

月読四宮とは月読宮と月読荒御魂宮および伊佐奈岐《いざなぎ》宮と伊佐奈弥《いざなみ》宮を申しあげる。私がこういう二宮ずつの表記をするのは『延喜式』には伊佐奈岐宮二座、月読宮二座とし、四殿が成立してからも荒御魂宮と伊佐奈弥宮とは小殿《おどの》としてその規模がちがっていたからである（明治六年月読荒御魂宮と伊佐奈弥宮の殿舎が復興されたけれども月読宮以外の三殿はその規模が小さい）。

それはともあれ、『旧事記』が大神宮と月読宮をならべて「ならびに五十鈴川の上《ほとり》に坐しまし、伊勢に斎く大神と謂う」としたのは一つの示唆である。『記紀』がこの二神を伊邪那岐大神の左右の目を洗い給うた時に成《な》りませるご姉弟の神とし、一を大ヒルメ、他を月ヨミと申し上げた陽と陰という相対観と高天原と夜の食国《おすくに》という差異観からなる世界観が、現実の地上においてこの五十鈴川沿岸に展開されていることには意味深いものがあると考えられる。そればかりではない。二神の祖神であられる伊佐奈岐・伊佐奈弥二柱の神までもそこにお祭りされながら、天照大神の宮の所管としての所遇であるところに、現実世界そのままの姿がここには再現されているのである。天孫降臨伝承の再現と考えあわせて古人のよせた神代への思慕が思いやられるではないか。

話がそれたが、さらに川をさかのぼるとしよう。

岩井田には末社石井《いわい》神社の旧跡があり、岡田には摂社津長神社と大水神社が、宇治橋左岸の丘の麓に鎮座している。

このように、別宮とか摂社、あるいは神田などすべて古い由緒の地であることによっても、五十鈴川の流域という条件のもとに早くから開けて、大御神に奉仕するにふさわしい社会を形成していたことが察しられる。
川下からは御贄をもたらし、川上からは御用材をはこび、中流には農耕社会を育てつつ奉仕の人々と御食《みけ》を捧げてお仕えしたこの五十鈴川は、じつはもう一つの役目をもっていた。それは「へだてる川」とでもいってよい機能で、「ただの世界」と「ただならぬ世界」とをきびしく隔離する意味をもっていたのである。後述する僧尼拝所はそのことを物語っている。
神路山といい五十鈴川といい、これを仰ぎこれを眺めるすべての人々は、このような由来の何一つをわきまえなくても、ただその風光に接するだけで、あるいは心を洗われる想いと言い、あるいはふるさとに帰った懐かしさとよろこぶ。
万葉びとが「山見れば高く貴し、河見ればさやけく清し」と謳ったことばは、今のうつつに生きているのである。

宇治の大橋　この五十鈴川にもやがて橋が架けられる時代がきた。

北を望めば長橋の流れをきるあり。緑松垂れて行人の道をささえ
（『伊勢太神宮参詣記』）

これは今の御手洗場《みたらし》のあたりから北すなわち下流を眺めた景色を描写したものである。すでにこの興国三年（一三四二）の頃には、清流を切るかのように長い橋が架かっていたのである。しかし、橋とはいってもどんな規模のものであったか。室町時代の記録によると洪水でしばしば流されているところをみると、今日の仮橋程度のものか、あるいは水面すれすれに板を渡したほどのことであったかも知れない。

はじめはこの宇治橋の造営には公費が出なかったので、架橋には随分と苦心があったようである。室町時代には聖《ひじり》とよばれる僧尼たちが神宮の聴許を得て諸国を勧進し、その費用を調達した記録が見えている。

ひと口に勧進というけれどもそれがどんなに困難であったかは、その経過をみるとおよそ想像がつく。

宇治の大橋

記録の始めは享徳元年（一四五二）で、賢正（性）と最祥という二人の法師が勧進の申請をしている。しかし、この「御裳濯河橋聖」両人の十年以上にわたる苦心もついにその成功を見ないまま、最後には行方も知れなくなってしまった。この二人がどこかで蒸発したころ、一方にはまた「大橋勧進聖本願坊」なる者が現われている。寛正五年（一四六四）に一応この大橋はでき上がったので内宮では荒木田氏経長官はじめ十人の禰宜が橋祈禱を執行し、一万三千度の御祓をあげて橋の長久を祈ったという。大橋という名がはじめて見えるし、橋祈禱ということもすでに例となっていたらしい。各層にわたる参宮人の増加に対応してその規模も大橋というにふさわしいものになっていたにちがいない。

ところが、この橋も翌年夏にはたまちにして洪水に流されてしまう。せめて仮橋でもと、足利将軍家からやっと百貫匁の寄進が本願房にとどけられ、これで架橋するけれども、またまた一年目には流失の憂き目をみるという状況であった。

文明九年（一四七七）稲苅十穀乗賢という聖が成功をおさめたときには氏経長官も口をきわめて賞讃した。

寛正六年以来、洪水の時は禰宜祠官大小内人諸役人等の神事参勤かなわず……よって茲に勧進聖たびたび数輩ら及ぶといえども、かつは大営、かつは悉く実なきか。ついに一人もその功を成さざりしところ、件《くだん》の乗賢、厳密に掛け渡し奉るの条、神慮然らしめ、諸人を悦ばしむるもの也。

「かつは大営」とあるから、その経費も大きく、勧募の労もなみなみではなかったであろう。十穀というのは断十穀といって穀類を一切口にしない誓願を立てた聖《ひじり》をいう。そういう有徳の聖が大御神の神徳を蒙って諸人に寄進を勧めたところにこの成功があったものにちがいない。

この時の勧進文と察しられるものが残っているが、その文中には

此の橋成就せんにおいては、一天四海国土太平、如意安全ならん。一紙半銭の志はこれ軽るからず。来世上品。今世信心安楽の満足。

などとある。聖の説く所であるから現世と来世の幸福をあわせて約束しているが、いずれにしても庶民層に直接に呼びかけて大神宮の神徳を広めた功は、単に宇治大橋を成功させた以上のものがあったと察しられる。

その後も沙門道順、観阿法師、守悦法師などの聖たちがそれぞれ内宮禰宜から庁宣を得て大橋の勧進にしたがい、中でも守悦上人は永正二年（一五〇五）に見事に成功した。有名な慶光院上人の初代とされる尼僧であるが、第一回の庁宣をもらってから八年目に成就したのであった。慶光院号を賜った清順上人は守悦上人から数えて三代目で、天文十六年（一五四七）に御裳濯川橋を造営、さらに許されて永禄六年（一五六三）には外宮造営の勧進に成功したことは、神宮遷宮史上における異例の大事であった。

天正年間の記録には宇治橋奉行を九鬼嘉隆に申し付けられたとある。こうして豊臣秀吉（一五三六―九八）、秀頼、そして徳川の時代へと、ようやく時の為政者たちがこの大橋の造営を心にかけることになり、やがて式年造替の制度が始まって今に及んでいるのである。

近世の案内記を見ると板橋の数は三六五枚などとあるが、まずは概数であろう。現在は厚さ十五《センチ》のヒノキ板四七六枚を使ってある。橋脚だけがケヤキで上部構造はすべてヒノキ。長さは三三六尺（約一〇二《メートル》）。幅は二六尺のところ、昭和四四年の架け替えから二七・八尺（約八・四《メートル》）に拡げ、橋桁も五本から七本に増作された。

風宮橋

宇治橋のことを御裳濯川橋といったのにたいして、風宮橋のことは古くは五十鈴川橋といった。別宮風日祈宮《かざひのみのみや》に通じる橋である。

どうもこの川の二つの名はまぎれやすいけれども、少くとも中世から近世の中頃までは、はっきり使いわけていた。御手洗場《みたらし》の上みに川合の淵という合流点があるが、この川合から上流、内宮の御前辺りまでを五十鈴川とよび、川合から下流の宇治橋辺りまでを御裳濯川の名でよんだようである。

この五十鈴川橋もやはり中世には勧進聖《かんじんひじり》の奉仕によって架橋された。その中で今も擬宝珠《ぎぼし》にその名をとどめているのが観阿弥である。この法師は明応四年（一四九五）五月に御裳濯河大橋がすでに顚落寸前という状態になっていたので、その再興を発起して庁宣を請うたのであるが、この大宮には力が及ばなかったのか、それとも功を守悦に譲ったのか、結果的には五十鈴川橋の造替に奉仕したものとみえる。

太神宮　風宮　五十鈴川御橋
明応七年戊午　本願観阿弥敬白

と、五行に陰刻した擬宝珠は、域内に残るもっとも古い金石文である。

しかしこういう神忠一途《いちず》の聖ばかりではなかったとみえて、時には怪しげな者が御橋の勧進と称して横行したらしい。永正九年（一五一二）に内宮二禰宜荒木田守晨が聖に与えた添書にも

件の御橋勧進と号して沙門数輩諸国巡行の由風聞候、神宮より申付候は此の十穀増泉法師に候、御心得なされんがため一筆進じまいらせ候。

と念を入れている。この増泉が永正八年七月に内宮禰宜から受けた庁宣をみると、こういう一節がある。

ここに増泉法師、神慮を仰ぎ、掛け渡し奉らんと欲して在々所々に馳せ向い、貴賤素緇《そし》の助成を催うし、成風の功を勧む。人民の煩費有るに似たりといえども、慈恵を衆庶に及ぼさしむるものか。

大衆の助成をうながすということは、いつの世でもむずかしいものであったとみえる。

僧尼拝所というのは、この風宮橋（あるいは風日祈宮《かざひのみのみや》御橋）の左岸をのぼったところにあった。神宮では明治維新までは尼僧はもとより、医師や隠者でも頭を丸めたものを神前に近づけることを拒んできたから、江戸時代には北村季吟（一六二四〜一七〇五）も芭蕉も、五十鈴川の対岸からご正宮をはるかに伏し拝んだものである。

仏法の息《いき》を屏《しりぞ》ける、と昔の祠官たちはいっているが、これはすでに延暦の『儀式帳』にも忌《いみ》詞《ことば》をのせているから上代以来の風であったことがわかる。忌詞は十四あるが、その半数の「内の七言」というのはすべて仏法関係の語で、仏を中子《なかご》、経を染紙《しめがみ》、塔をアララギ、法師を髪長《なが》、優婆塞《うばそく》をツノハズ、寺を瓦葺、斎食《とき》を片食《かたじき》といいかえることになっていた。

もっとも仏法用語だけが忌《い》まれたのではなくて「外の七言」といって打つ、泣く、血、死、墓、病む、といった現実の幸福を否定することがらとか、宍《しし》（獣肉）のような一般人は食用としない品なども含まれている。仏法もそういう意味で、異常異質の事象として受けとられていた時代であるから、神を祭る場所ではやはり一種のケガレとされていたのである。当時の法師や優婆塞は葬式に関与していたわけではないから、そんな意味で忌《い》まれたのではなかった。

そういう伝統は、仏教が日本文化の中にすっかり溶けこんだのちまでも固く守られたため、神宮ではついに神仏習合の現象は、神域の中までは及んでこなかったが、もしも強いてあげるならばここに述べた勧進聖の活動であろう。

たやすく近づくことは許されなかったが、参詣そのものは自由であったから、かの東大寺衆徒をはじめ、記録にのこる著名な仏教者たちの参宮は決して少なくない。日蓮上人（一二二二―八二）は建長五年（一二五三）に京都から鎌倉への帰りに内宮に参拝したと伝えられるし、東寺の長者道宝僧正は建治三年（一二七七）に三十日間参籠して蒙古襲来の国難克服を祈願した。『一遍上人縁起』には正安三年（一三〇一）の遊行寺第二世他阿上人参宮の状況を、つぎのように記している。

疥癩のたぐいをば宮河の辺にとどめ置きて、自余の僧尼以下は皆ひき具して外宮へ詣で給うに、あえて制し奉る人なし。是によりて中の鳥居まで参りて十念唱え給う。宮居久しく神さびたる気色《けしき》、余の神にすぐれ、渇仰を致し信心を催うすこと他の神に超えたり。（中略）又次の日内宮へ詣で給う。御裳《みも》洗川《すそ》に浴水を用いて、ようやく社壇におもむき給うに、神風久しく伝わりて業塵《ごうじん》を払い、霊水遠く流れて心垢を清むるかとぞ覚えたる。さて二鳥居にて十念となえて下向し給う。

これによると外宮でも内宮でも第二鳥居までより進んでいない。あえて正宮の正面まで近づかなくても、参詣の志の深さがあればこれほどの感激がほとばしるのである。あるいは隔てられることによってかえって懐かしさは切実であったかも知れない。

貞享四年（一六八七）に僧尼拝所までしか進むことのできなかった季吟が

五十鈴河　中に流れて遠くとも
　祈るこころは　神はへだてじ

と詠じたのも、そういう想いがあればこそであった。

風宮橋は参道からわずかにそれているので多くの参拝者はここまで歩みをはこぶことがまれであるが、この橋にたたずんで望むご正宮のあたりは、また格別に幽邃である。西行、芭蕉の風雅に遠く、観阿弥、増泉の神忠にはとうてい及ばないとしても、私はこの橋をわたるたびに、古人を思うことしばしばである。

八　年を祈る

春耕と奉幣と

農耕が生活のすべてであった時代には豊年を祈ることが直ちに国の平安、国民の繁栄を祈ることに他ならなかった。度会宮でも抜穂の御田において二月の春田の祭りが行われたが、大神の宮の禰宜たちもまた同じ二月の初の子の日には宇治の家田《やた》の神田において種蒔きを始めるにあたって、同じような神事を行った。

湯《ゆ》鍬《くわ》山で忌鍬を製作する前に、山口祭と木本《このもと》祭をまず奉仕することもかわりはない。もっとも宇治の場合は耕し始めに最も大切な忌鍬の木を伐るのは磯部一族の山向物忌《やまげのものいみ》の分担であった。この神田は太田命が倭姫命に献上したという伝承があるが、その太田命を先祖と仰ぐのが磯部氏の宇治土公（もとは何と訓《よ》んだか、よくわからないが、今日その子孫と称する家はウジトコ氏とよぶ。宇治浦田鎮座の猿田彦神社の宮司家である）であり、大神宮においては大内人の筆頭であった。いずれ神嘗祭の項でも触れるはずであるが、この宇治大内人は荒木田禰宜につぐ重職を占めていたところをみても、五十鈴川流域、宇治の里々においてもっとも勢威のあった一族にちがいはない。山向物忌はその分身乃至は輩下として、あるいは玉串のことについて、あるいはこの神田のことについて主要な役を分担した童男であった。

禰宜・内人。物忌たち一同はマサキのかづらを付け、この忌《ゆ》鍬を捧げて「大神の御饌《みけ》どころの御田」に降りてくる。そこで酒作《さかつくり》物忌父《ものいみのちち》（山向部の一族）がこれを持って耕し始めをすると、一同で田耕の歌をうたい田舞を舞ったという（酒作は後世さかとくと読む慣いであった。山向部についても先学の説があるが今は省略する）。

『儀式帳』には「種蒔下始」とあるけれども、二月初子の日のこの耕し始めのあとで直ちに種蒔きをするのは少々早期に過ぎるから、実際は蒔きそめの儀式だけがあったものであろうか。それはともあれ、この田打始めの神事が終わらないと、他の神田も一般の農民の田も春田打ちの作業を始めなかったことは、度会宮の御常供田の場合とまったく異なるところがない。それだけに神田の神事というものには、天下の運命がかかわる重さがこめられていたのである。

この一年の営みの開始に際しての重大な祈りに前後して、二月九日には祈年《としごい》の幣帛使が差遣せられた。これより先、二月四日に中央では神祇官において祈年祭が執行せられ、延喜のころには全国三千百三十二座の神々にたいして官幣または国幣を奉ったのであるが、その際、伊勢の幣《みてぐら》だけは別の案《つくえ》の上において、祝詞《のりと》の中でもとくに文辞を分けて祈られるところがあった。それは今に残る上代祝詞の中でもとりわけ雄渾で格調の高いといわれる名文であるが、ここには全文を紹介する余裕もないので、あえて要約を試みると、およそ次のとおりである。

大御神が見はるかし給う限りのこの国土の繁栄と統一とをお護り下さい。その上は、秋の貢租のお初穂をまず大前にお供え申し上げ、天皇はその残りを召し上がることになります。

また、この大御代の永遠をお守り下さいますので、大御祖神と尊んで、美わしい幣帛をお供え遊ばされるのであります。

こういう趣旨のことを神祇官の中臣《なかとみ》が、天皇のお言葉として大御神に申し上げるのである。そういう都における神事ののち、日をあらためて使いを差し立てられその幣帛をお供えになるのが神宮の祈年祭で、『延喜式』によると定日はなく、勅使の参着次第ということになっている。しかし『儀式帳』では二月十二日とあり、後には九日に定着した。いずれにしても宇治の神田の春祭に近い日である。

幣帛使はまず度会宮に参向し、つぎに大神宮に幣帛幣馬を奉納になった。この順序はやはり神嘗祭の次第に従ったものと思われる。むろん正宮だけではなく、当時の別宮九座にも官幣が供進された。そして所摂の社四十座には大神宮司から幣帛が供進されたので両宮の禰宜が摂社の祝《はふり》をひきいて祭儀を奉仕した。

明治時代から祈年祭奉幣は二月十七日になり、今も勅使が参向されて両正宮と十四別宮に幣帛を進められる。もっともそのうち十二所の別宮には禰宜以下が奉仕してお供えすることになっている。また古儀においては当日大御饌をお供えすることはなかったけれども、明治以降は奉幣の儀にはすべて予め神饌料が宮中より供進されるので、これによって大御饌の儀が行われることになり、いよいよ鄭重な祭儀となった。また摂社だけでなく、末社、所管社までことごとく神宮司庁でととのえた大御饌と幣帛を権禰宜・宮掌の奉仕によってお供えすることにもなった。

神田の儀式はいろいろの変遷を経たけれども、今では四月の初旬に神田下種祭を奉仕する。忌鍬《ゆくわ》山において山口祭と木本祭を行い、マサキのかづらをつけた物忌の童児(その都度任命する)禰宜以下の神職たちが忌鍬を奉じて山をくだってくる行列は古代さながらの胸のせまる情景である。そして、耕始めにつづいて苗代に実際に忌種《ゆだね》をおろすことまで行っている。その、耕し始めの行事の間、奉仕の禰宜たちが歌う田歌のしらべは、これまたすぐれてみやびである。

あめ鍬や　まさきのかづら笠にきて
み田打ちまつる　春の宮びと

今は四月初旬の下種祭、五月初旬の御田植え、五月十四日の風日祈祭という順序で一連の祈りがつづけられるが、上代においては御田植えはいつ行われたかよくわからない。神田のことであるからあるいは直播き法が踏襲されたのかも知れないという説もあるが、田植えより直播きが古いともいいきれないようである。

蓑笠を奉る

耕始の祭につづく神事は四月十四日の御蓑笠《みのかさ》をたてまつることであった。当時、忌草《ゆぐさ》と称した早苗の生育時期にあたって、五風十雨の恵みを祈るために、雨具である笠と蓑を奉製して、これを神前にお供えしたものであると先学は教えている。善言美辞をつらねて祝詞《のりと》を奏上するという祈り方も古くからあるけれども、こうした雨具を精魂こめて一つ一つ手作りにしてお供えする、という祈りかたには、いかにも切実素朴な訴えが現われていて尊い。類感呪術ではなく祈りである。

この神事は御笠の神事ともいわれ、度会宮では別宮、摂社にいたるまでお供えした。皇大神宮の方では『延喜式』によると、

大神宮、荒祭宮、伊佐奈伎宮、月夜見宮、滝原宮、滝原並宮、伊雑宮、朝熊社、園相社、鴨社、田乃家社、蚊野社、伊佐奈弥社

と、正宮別宮のほかに若干の摂社が加えられている。朝熊社はいうまでもなく五十鈴川流域の代表的な摂社であり、園相社以下四社は荒木田禰宜一族の本拠地に鎮座される代表的な摂社である(伊佐奈弥社は今日のどの神社をさすのか不明である)。こういう主要な宮社にそれぞれ奉る蓑笠を調進するのは御笠縫内人《みかさぬいのうちんど》の役目であった(この内人は『儀式帳』によると郡部《こうりべ》の一族とあるが、この氏の名はよくわからない。磯部の誤写かもしれないがそれと決めるわけにもいかない)。

この祭りがとくに重い意義をもっていたことは、この日に皇大神宮と荒祭宮においては神衣祭が行われたことで、さらにその感を深くするのである。

神衣を奉る

各地の神社でも年一度の大祭にあたって、あらかじめ御座替えといって新しい神座を奉ったり、またお衣更えとか御衣祭《おんぞ》と称して神衣を奉る行事が行われるところはけっして珍しくない。少くとも年一度は神座あるいは神衣を新たにして神威の格別なご発動を仰ぐというのがその由来であると解釈されている。

伊勢の場合は『神祇令』の規定に、四月と九月の両度の神衣祭があげられているから、おそくとも奈良朝初期以来恒例の国事として年二回も神衣が奉られてきたのである。これを宮中の

御更衣に比する先学もあるが、上古はともあれ、平安時代の宮廷の御更衣の行事は四月と十月の朔日であったから、皇祖大御神に奉られる期日と考え合わせていささか辻褄があいかねるように思われる。また、この祭りが大神の宮と荒祭の宮においてのみ行われ、外宮では古来行われた例《ためし》がないことも重要な点で、単なる御更衣ならば豊受大神にも奉られてよかったと考えられる。これはやはり、春秋二度の重大な時季にあたって、大御神の格段の神恵を祈るための行事としなければなるまい。

この祭りが三節の祭りと並んで重んじられたことは、祭日にさきだつ四月十一日に、大物忌によってご正殿の御下《みした》の清掃が奉仕されたこと。また、当日ご正宮の各御門に新しい榊を差し奉る行事のあったことなどにも現われている。建久の『皇大神宮年中行事』によると「御榊を差し奉るは年中四度、四月・六月・九月・十二月の御祭のたびなり。ただし九月は神御衣の時に差し奉る榊をもって十七日の御祭は行わるる例なり。近代は二月の祈年の御祭にも同じく差し奉らるるなり」とある。奉幣の行われる祈年祭よりも、上代ではこの四月十四日を重んじていたとも考えられる。また九月は、神衣祭と神嘗祭がひと続きの祭りとされてきたことも同時に察しられる。

それではこの重大な神衣とは、どういう品々であったろうか。

服部と麻続部

大御神と荒祭宮に奉る神衣は、和妙《にぎたえ》と荒妙《あらたえ》の二種類である。それにモトユイの糸、頸玉・手玉・足玉の緒、ふくろ襪《しとうず》の緒などの紐類・長刀子《がたな》・短刀子・錐・針・鉾鋒《ほこのさき》・縫糸などの御裁縫具までもとり揃えてお供えされた。今日も和妙（絹）荒妙（麻）に

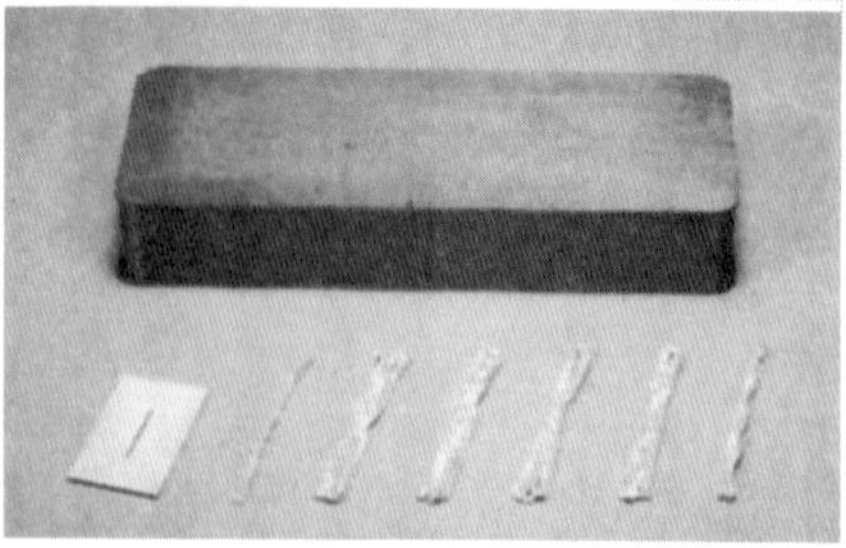

上　和妙・荒妙　　下　緒・糸・針の類

糸や組紐、針の類がだいたい古来そのままに調進される。

この和妙の衣《みそ》というのは、三河国からたてまつる赤引《あかひき》の糸で織った純白の絹で、これを調進するのは服部《はとりべ》一族の任務であった。また、荒妙の敷和《うずはた》の衣といわれた麻布の方は麻続部《おみべ》の調進するところであった。これらの氏族は、察するところ、櫛田川から多気川にわたる平野部にその生活圏を持っていたようである（もっとも、麻続部一族の中には、土師器の技術をもって奉仕する一団もあり、これは多気郡の有尓郷に居住したことは前にものべた）。

かれらは大神宮のご用を勤める上から、神服部《かんはとり》、神麻続部《かんおみ》といい、それぞれ封戸二二烟を宛てられていた。その機殿の所在地は近世のいわゆる御糸《みいと》六六郷の地域で、今は松阪市に属している。近鉄電車の漕代《こいしろ》駅で下車して櫛田川の堤防を左にみながら下流へ向かって、見渡す限りの水田の間をぬうてゆくこと約四キロ、こんもりと杉の茂った平地林が見える。これが「麻続《おみ》さん」とか上館《かみだち》と通称せられる皇大神宮所管社神麻続《かんおみ》機殿《はたどの》神社の境内で、この中に八尋殿《やひろでん》と称え

八尋殿（やひろでん）
向かって左は神服部機殿神社

る御機《はた》殿がある。

そこからさらに二キロあまり北に、同じような林相をもった森がある。これがいわゆる下館《しもだち》で、正式には皇大神宮所管社神服部《かんはとり》織機殿神社。もとはどちらも御機殿の鎮守の神社と申しあげていたが、明治以降はこのように神社を主とし、その域内にそれぞれ八尋殿がある、というように表現の変化をみた（二見町にある御塩殿と御塩殿神社もこれとまったく同じ関係にあり、同じような変更があった。明治の神道行政の一端がうかがわれる現象である）。

それはともあれ、この両機殿で御衣《おんぞ》を奉織する者を古くは人面、織子といった。人面は男子の、織子は女子の織工をいう。かれらは四月一日から織り立てを始め、十四日にはこれを辛櫃《からひつ》三合に納めて大神の宮に参入したのである。その間の奉織がどのように進められたのであるか。くわしい伝えがないのでよくわからないが、ここに現代の状況をのべて往時をしのぶことにしよう。

明治以降は改暦によって五月十四日に神御衣《かんみそ》祭が斎行せられているので奉織は五月一日に始まる。前日、権禰

八尋殿の内部

和妙を織り立てる。

宜と宮掌らの神職が機殿に参向してその斎館で一夜参籠の上、一日に織工《おりこ》らも参列して奉織始祭を奉仕し、ただちに奉織にとりかかる。その間、権禰宜一名は下館の斎館に、宮掌一名は上館の斎館に参籠をつづけて奉織を見まもっている。次の一連の歌はその奉仕者が詠んだものである。

ひがしやま一　にしやま一と　符牒言ひて切れし経《たて》糸継ぎ足すぞ　あはれ
蠟涙の垂りの幽けき八尋殿に　雨しぶかひて織り機《はた》進まず
雨けぶる杜《もり》の静寂《しじま》や織工は　トントン　トト　トン筬《おさ》たたくなり
精も根もかたむけしならむ織工らは　高機《たかはた》にしばしば息づきてをり
慎しみの緒ろもさすがにほころびし若き織工の顔をみてけり
おゆび折る六つの忌み日を重ねきて珍織御衣の四丈に足らふ
天照らす神の召しまさむ珍織の　仕上げの剪いま入れむとす
高機に繰り延べ懸けし荒妙の　目には沁みつつ御扉閉ぢまつる

空気が湿れば湿って、西風が吹いて乾燥すればそれでまた、糸はもろく切れやすい。蠟燭の明かりをたよりに瞳をこらす織工らの苦心はなみなみでない。近代でこそここでは各一匹を奉織するだけで、そのほかは愛知県の木曽川町（和妙）と奈良県の月が瀬（荒妙）の専門の機業家に委託することになったが、上代においてはすべてをこの鎮守の社の加護のもとで織り立てたことはいうまでもなかろう。その数は『延喜式』によると次のとおりである。

	皇大神宮	荒祭宮	計
和妙衣	二四匹	一二匹	三六匹
荒妙衣	八〇匹	四〇匹	一二〇匹

和妙《にぎたえ》の糸は三河から送られたとしても、荒妙《あらたえ》の方は麻を栽培することから始めなくてはならない。このぼう大な量を、それも大御神の御料としてしかも短時日の間に奉織するとなれば、その奉仕の労は想像を絶するものがあったに相違ない。この時期がくるたびにおそらくは村中がことごとく忌機殿《いみはたどの》と化したことであろう。そうしてみると、今日のあの鬱蒼《うつそう》と茂った杜《もり》のなかの唯一棟の御機殿と唯一台の御高機というものは、貴重な象徴的存在ともいわなければなるまい。

記録の表面に見えているかぎりでは、そしてまた実際の祭儀の上でいっても、御笠蓑を奉る祭りは中世すでに御笠神事とよばれ、今日では風日祈祭と称しているように、神御衣祭とは全く別々の祭儀とされている。しかし、祭日を古来一貫してひとしくしている点において、この二つの神事には関連があるはずである。どちらかといえば素朴な形の御蓑笠を奉る神事は早くからあったと察しられるが、そこに国家祭祀としての神衣祭《かんみそまつり》が追加された、というのがその成立順であろう。これによって年を祈る祭儀はいよいよ重きを加えたといわなければならない。十四日という祭日はいうまでもなく神嘗祭の前日九月十四日の神衣祭（今は神御衣祭としるす）の日が採用されたとしてよかろう。かつて、内宮門前町や松阪では、この日機織り、裁縫は禁忌であった。

日ごとに祈る

やがて稔りの秋が近づくにつれて暴風雨の災害は最大の憂患である。日本列島がモンスーン地帯の海洋上にあって和風甘雨に恵まれているからこそ今日の文化も築かれたけれども、「時により過ぐれば民の嘆きなり」と将軍源実朝（在位一二〇三―一九）が肺腑をしぼって祈ったように、その過剰は直ちに一国の不安につながってもいる。そこに七、八両月（陰暦）を通じて六十日間連続の祈禱が行われた理由もある。

まず五月四日に「年中を祈る料」として度会郡から赤引《あかひき》の糸二十斤が調《みつぎ》として献上される。七月朔日には大神宮司から幣帛が神宮へ渡される。禰宜はそこで日祈内人《ひのみのうちんど》を率いて、一日から三十日まで、朝に夕に、風雨の災禍と、旱天の災害のないようにお祈り申し上げる。さらに八月朔日になるとまた大神宮司から絹二丈五尺、麻八斤、木綿《ゆう》八斤の幣帛が送られる。こうして一日から三十日まで同じ祈りがつづけられるのであった。

日祈《ひのみ》とは太陽を拝む意味ではなくて、日日に祈るという職掌であったことは、この『儀式帳』の記事を素直によめば明々白々であることを書き添えておこう。

延喜の時代になると、八月の日祈は行われなくなって七月の一か月に集約される。当時の祭の対象とされた神々は、大神の宮を始めとする郡内すべての官社であったが、そのうち、大神宮、度会宮、荒祭宮、月読宮、荒御玉宮、伊佐奈岐宮、伊佐奈弥宮、滝原宮、それに小朝熊社、多賀宮、久具社、風神社を加えた宮社には、それぞれ絹四丈、木綿《ゆう》と麻各十五斤五両六分を幣物として供えよと規定されていた。そのほかに郡内四十座の社々にも木綿と麻とがお供えされ、この三十日間という連続の祈りが捧げられたのである。

大神宮以下の正宮と別宮のほかに小朝熊社と久具社、風神社の三社が特別に重んじられているが、小朝熊社についてはすでにのべたところであるから、あとの二社について考えておこう。

久具社は宮川上流の南岸、現在の度会郡度会町大字上久具に鎮座する皇大神宮摂社である。『延喜式』には久具津比売《くぐつひめ》神社（または久久都比売神社）というように姫神の御名でとなえている。社域の附近にあるオヒメ池はどんな旱魃《かんばつ》にも涸《か》れたことがないといわれ（寛文三年〔一六六三〕調査）、昔はここで雨乞《あまご》いの神事を行ったともいう（昭和六年調査）。滝原宮と多岐原神社を別とすれば、宮川流域ではもっとも上流に位置し、大和でいえば祈雨の神として崇敬篤かった丹生川上神社の位置にも相当するといえよう。

そういう対比をしてみると、大和竜田の風の神の社に相当するのが皇大神宮の城内、五十鈴川の南岸にある風神社ということになる。この社は平安初期には摂社はおろか末社の数にも入れられてないから、当初はもっぱら風雨の祈りを捧げる時の祭場、さらにいうならば域外の宮社を遥祀する場所であったかもしれない。年中を通じてのいろいろの祭りはそこでは行われな

風日祈宮

かったため当初は神の社の列には入らなかったとしても、二か月(後には一か月)にわたる日ごと朝夕の切なる祈りを捧げる社であれば、やがてそこに風の神を斎きまつることにもなる。『延喜式』になってはじめて風神社という名の現われる所以であろう。

この社の神威がとくに現われ給うたのは、外宮の風社と同じ理由であった。すなわち、元寇のあとの正応六年(一二九三)に宮号が宣下されて風宮となり、皇大神宮別宮として官幣が捧げられることになったのである。この宮を風日祈宮と称えはじめたのはいつ頃からか確かにはわからないが、建久(一一九〇〜九九)の『年中行事』にはもはや見えている。

奈良平安の時代にかけて皇大神宮に奉仕した内人七人の中で、神主という姓《かばね》をもつ者は日祈内人だけであった。このことは他の大内人や物忌たちに次いでは、この内人の職掌の重かったことを物も察しられる。

語るものであろう。天下万民のために、風雨の祈りがどんなに切実であったかを、この一事で

風日祈宮の神態

中世にはいると七月の一と月にわたる連日の風雨の祈りを、いつしか行いかねるような時勢になったとみえる。大神宮司の力をもってしても、神郡から所定の神税を徴することは困難となり、幣帛も祭祀の費も支弁する方途を失ったためであろう。この祭りはいつしか七月四日というただ一日の祭に集約された。それが風日祈《かざひのみ》の神態《かんわざ》である。

この日、皇大神宮の大前には「風日祈の御幣」が日祈内人によって供えられ、「雨甘く、風和《なご》やかにして年穀豊饒に」と熱い祈りが捧げられた。諸別宮でも行われたが、摂社は小朝熊社と久具社を格別にすることをやめ、すべての社を一括して、五十鈴川岸に設けられた天津神国津神の祭壇で遥祀することになった。このように時勢に即した変化はあったけれども、風日祈の本義にはいささかもかわりはないようにみえる。

この七月四日というのは大和の広瀬・竜田両神社の祭日である。これは大宝令のいにしえから風雨を祈る重要な官祭であったから、おそらくこの祭日にならってのことであろう。

風日祈祭は、このようにして年二回となり、明治改暦後は五月十四日と八月四日に行われることになって現在につづいている。五月には幣《みてぐら》の榊と、菅で調整した御笠と御蓑とを、八月には御榊だけを奉ることも中世と変わりはない。

この工業時代になっても、神宮では依然として農耕時代そのままの風祭を行っているのはどういうわけか、と外国の学者などからよく聞かれるが、日本人にとってはとくにこれは不思議

な現象ではないようである。

旱天、豪雨、台風、これらのもたらす災害は文明の成長に正比例して増大しており、人々の情緒をいよいよ不安定にしていることを考えると、こんな時代にこそ国をあげて祈りを篤くせざるを得ないのではあるまいか。

そして、これはひとり風災の祈りだけのことでもないのである。

九　神嘗の大祭

大まつり

あらゆる角度からみて、年々行われる皇大神宮の祭の中でもっとも重要な祭りは、十月十五日から十七日にかけて行われる神嘗祭《かんなめさい》をおいてはない。伊勢の市民が昔からこれを大まつりとよんでいるのは、その端的な表現である。

神嘗祭というのは『令義解《りょうのぎげ》』（八三三）にはカムニヘノマツリと訓がついているから、これが当時のよみ方であろう。この名の重点はニヘ（にえ）にある。ニヘとは贄《ニヘ》という説もあるが新饗《ニヒアエ》（新穀共食）の約《つづ》まった言葉という解釈がわかりやすい。古代シナでは先祖祭をする時に、奉仕者がまずお供えする新穀を嘗《な》めるという礼があったので、夏であれ秋であれ、寝廟に新穀をたてまつる祭りを嘗《じょう》といった。この文字をわが国の新饗の祭に借用したのであるから、この漢字にこだわることはなさそうである。要するにこれは大神に新穀を召しあがっていただき、奉仕者もまた共食する祭りであるとしてほぼ誤りはない。

その昔の神嘗祭は九月十五日から始まった。まず度会と多気の二神郡の神戸《かんべ》の人々が、それぞれの里々からサカキの枝を持ち寄った。

サカキとは俗に栄木の意味に解されているけれども、本来は『書紀』に真坂樹の文字をあて

み榊

たように、坂すなわち境界を表わす木と考えられていたのではあるまいか。祭礼の前に「榊《さかき》立て」とか「牓示《ぼうじ》さらえ」と称して、地域神のテリトリーの境界にサカキを挿し立てる行事を行う神社が少なくない。

神宮でも平安時代まで年中四度の祭りに限り、あらかじめ祭場の入口にあたる鳥居や御門などの柱のもとにサカキを挿し立てたのは同じ心ばえであったと思われる。鳥居などの工作物が一切なかった上代には、この地面に立てられたサカキこそが唯一の聖空間の表示であった。今日でも和妙・荒妙を織る八尋殿では、織初めにさきだって四隅にサカキを立てる伝統が残っている。昔、大中臣祭主が中重で宣命を告るとき「太玉串に隠れ侍りて」申し上げます、ととなえたが、これも神と人との境の表示として太玉串と称するサカキを立てたものであろう。

明治以降、年中を通じて参宮者が踵を接することともなると、近代人の感覚として枯れたサカキには抵抗があるので年中数十度も鳥居や御垣などのサカキをとりかえることになり、そのサカキも一つの奉飾と考えられることにもなったのは時代の流れというべきか。

さて祭場の中心は、板垣・外玉垣・内玉垣・瑞垣と、四重の神垣をもってかこまれた内院であり、そこにはいうまでもなくご正殿《しょうでん》がお鎮まりになり、後方左右に東宝殿と西宝殿が設けられている。

内宮古殿池

右端の小さな建物が心御柱の覆屋である。

これの鏡は　もはらわが御魂《みたま》として　わが前
を拝《いつ》くが如《ごと》　いつき奉れ　（『古事記』）

と、大御神が天孫にお授けになられた神鏡を斎き奉る宮殿については、誰知らぬ人はないであろう。ところが、神の新饗《にいあえ》として奉る大御饌《おおみけ》の品々をお供えするのは、じつはこのご正殿《しょうでん》の御床下《ゆかした》というのが古儀であった。

心御柱

御床下ではじつは正確ではない。その中心の御下《みした》というべきであるが、そこには太古以来、心《しん》の御柱《みはしら》が奉建されている。これは忌柱《いみはしら》ともいわれるように、見ることも触れることも、語ることさえならない神聖な御柱である。二十年ごとにご正殿を造営する行事は、まずこの忌柱のご用材を採取し奉る神事から始まることは、古今を通じてかわりない。そして、新宮を造るべき御《み》敷地《しきち》に、まずこの御柱を奉建し、次にご正殿の立柱を行うのが古儀であった。忌柱であるから、その採取と運搬、またその奉飾や奉建の儀式などはすべて秘儀として、くわしく記録されていないことはいうまでもない。神宮司庁が昭和四年に刊行した『神宮遷宮記』全四巻をはじめ、その他の出版物によって古儀の一端はうかがうことができるけれども、現状については直接奉仕の者だけが知るところである。

これはご正殿の御下《みした》に立てられるので、唯一神明造《ゆいいっしんめいつくり》の建築の一部が退化したものだ、というように考えた人もあったけれども、じつはこの忌柱にとり付けられたサカキがきわめて重要であったことは、このサカキが損傷したので御柱そのものを建て替えなければならないと、わざわざ朝廷に奏聞したという古記録によっても理解される。あえて推測を加えるならば、その昔、磯城《しき》の神籬《ひもろぎ》を建てて大御神を奉斎したと『書紀』が伝える、その神籬の形式がこの五十鈴川上の祠（祭場）にさながら移されたのではあるまいか。

さて、かつて心の御柱のみ前に供えられた大御饌は、とくに由貴《ゆき》の大御饌とよばれる。その中心はいうまでもなく新穀である。

ユキの大御饌

まず宇治の御田（現在の伊勢市楠部町）で稔った稲は、あらかじめ抜穂《ぬいぼ》にする。当時すでに茎の根元から刈る方法が一般的であったけれども、穂の部分だけ抜きとるという古風がユキの御料にだけは踏襲されていたし、このことは今日でも同様である。

当時はこの抜穂を長い楉《しもと》（若立ちの枝）の先につけて御田のほとりに立てておき、九月十四日にこれを酒作物忌父《さかとくのものいみのちち》が（春二月に忌鍬を打ち初める儀式を行った神人）捧持してきて、神域内の御稲《みしね》の御倉《みくら》にまず奉納した。この御倉は正宮の西側、荒祭宮の参道脇にあり、今日でも神田の抜穂祭が終ると、神職が装束を着けてここに奉納する行事は千年の昔のままに行われている。

もっとも御巫清直の考証によると、往時の御稲御倉は内玉垣と外玉垣の中間（御正殿の西方）にあったというから、今日よりもさらに重視されていた。御田から直ちに臼殿に運んで搗《つ》いてもよさそうなものであるが、必ず一度はまずこのような、御垣内の御倉に奉納するというのは、いかにも念が入っている。御稲にたいする古人の考えかたの推察される行事である。

この御倉から抜穂を下げることを御稲奉下《ごとうほうげ》と今もよんでいる。これも前夜から参籠潔斎した神職の奉仕である。上代では禰宜と大内人らの四人が大物忌とその父とを引きつれて十六日にこの奉下を奉仕した。しかもこの時の服装は、ご正宮の祭儀の場合とまったく同じで、大神宮司より官給された明衣《きよぎぬ》（白の生絹でつくった袍）を着け、木綿《ゆう》かずらと木綿《ゆう》たすきをまとうた。そこにもまた、御倉の御稲がどんなに神聖視されたかが知られる。

平安末期の『大治御形記』にこの御倉の神は保食神《うけもちのかみ》と申し上げ、鎌倉時代の『神名秘書』にはウカノミタマノ神と申しあげている。『日本書紀』に倉稲魂と書いてウカノミタマと訓んでいることが思い合わされる。今日では、皇大神宮所管社御稲御倉神《みしねのみくらのかみ》と申し上げている。

古儀においては、ここから奉下された御稲は、正宮と荒祭宮および滝祭の三所の由貴の大御饌にあてることになっていた。

さて禰宜たちによって奉下された御稲を受けた大物忌の子らは、土師器《はじ》の御碓《うす》でこれを搗《つ》きしらげ、竈《かまど》にこしきをかけて飯《いい》に蒸し、笥《け》に盛って大御饌に仕上げたのである。今でもこの抜穂の御稲だけは臼殿において杵で搗くので、その御飯は浅ぐろく拝される。もとより例の御火鑽《きり》具できり出した忌火で炊《かし》ぐのであって、この殿舎を忌火屋殿《いんびやでん》とよぶことは外宮と同じである。

神酒は抜穂の御稲をもって酒作物忌が黒酒《くろき》を、清酒作物忌《きよさけつくり》が白酒《しろき》を造った。この白酒の方は忌火屋殿で調進したが、黒酒は例の御贄を清める場所と同じところで、五十鈴川の清流を加えて醸したといわれる。今日では濁酒を醸造する方法によるけれども、往時のそれはどうも異なっていたらしい。

ついでにいうと、今は白酒・黒酒・醴酒《れいしゅ》・清酒の四種類でその調進の法は外宮の章で説明した（由貴の大御饌以外の神酒は醴酒と清酒の二種である）。

内宮にも御酒殿院があり、務所庁《まんどころ》を中心として御酒殿や由貴御倉などがあった（禰宜の斎殿が

身取アワビ（左）**と玉貫アワビ**（右）

御箸

御饌をお供えするときは，まず御箸(長さ36cm)を御箸台にのせて供える。

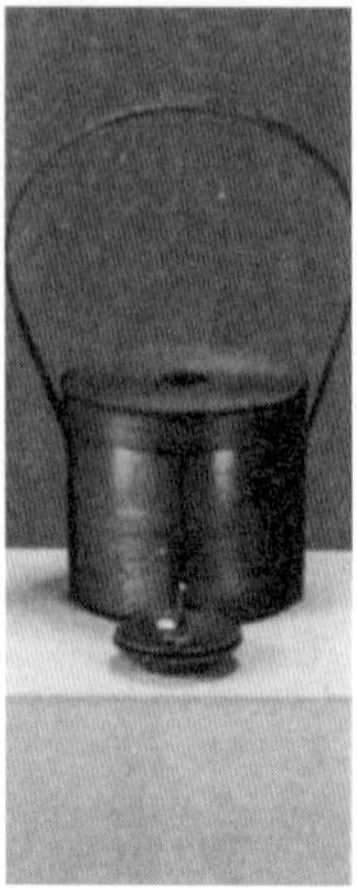

御火桶

忌火屋殿から忌火をこれに移して御前に運び結灯台に御火を点ずる。

この院内にないところは、度会宮との大きな相違である）。今日は所管社御酒殿神、同じく由貴御倉神の神殿であるけれども、かつては正宮の大御饌以外の神酒を醸造したり、その料にあてる神戸の御稲などを納めるのが御酒殿であり、神郡そのほかの神戸《かんべ》からたてまつる由貴の御贄を納めるのが由貴御倉であった。

志摩の国には伊雑《いざわの》神戸と国崎《くざき》神戸があった。前者は「大神の遥宮《とおのみや》」ともいわれる別宮伊雑宮《いざわのみや》に付せられた神戸であるが、後者は主として鰒《あわび》やサザエなどの由貴の御贄を貢進した。このほか志摩の国からは熬海鼠《いりこ》・干堅魚《かつお》をはじめ生鮮魚介海藻の類が浦々島々からもたらされたが、なかでもアワビとサザエがその代表的な御贄として五十鈴川の水際で調理されたことは前にも述べた。延喜の『主計式』によると、干アワビの種類は他の食品に比較してもっとも多種類にのぼっている。当時アワビがどんなに珍重されていたかが察せられる。同式には志摩国の調の筆頭に御取鰒という名が見えているが、今日、鳥羽市国崎町から昔ながらに神宮の由貴の御料として調進する干アワビは、身取鰒《あわび》・玉貫鰒《あわび》の二種類である（この浦には神宮施設として御料鰒調製所がある。志摩の神戸については拙著『伊勢神宮の祖型と展開』（図書刊行会・一九九一）を参照されたい）。

度会多気の二神郡からもそれぞれ野山海川の幸《さち》が貢献されたことはいうまでもない、こういう品々はすべてまず由貴御倉に納められたのである。

神郡神戸の御贄よりもさらに古い伝統と考えられるものは、九月十五日に禰宜、内人らの神主たちがみずから伊勢志摩両国の堺（これを神堺といった）の海に舟を出して、蠣《かき》や海松《みる》などを採

案（あん）
大御饌をそなえるつくえ。

取し、これを由貴の御贄としてお供えしたことである。後世になると、この贄海神事《にえのうみ》は月次祭にだけ禰宜たちが奉仕し、九月の大祭に際しては宇治郷の刀禰（郷長）たちに委託したようであるが、それにしても、明治の改革まで中絶することなくつづけられたことは、その伝統の根の深さを思わせるものがある。

このようにして、由貴の大御饌万端の用意がととのえられ、やがて十六日の夜を迎える。亥の刻（午後十時）、御贄調理の儀式ののち、禰宜、三人の大内人、大物忌、宮守物忌、地祭物忌、酒作物忌、清酒作物忌、これら五人の物忌の父、以上十四人が大御饌大神酒を捧げて内院に参入し、由貴《ゆき》の夕の大御饌をお供え申しあげるのである。もっとも、御下《みした》に進んでお供えに奉仕するのは三色の物忌だけで、すなわち正宮御料を大物忌が、東西の相殿神の御料を宮守《みやもり》と地祭《とこまつり》の物忌がお供えしたという。物忌父が介助したことはいうまでもあるまい。『儀式帳』にはみえないが、後の記録によると、お供えを終わって大物忌の父が祝詞《のりと》を申し上げたとある。そこで禰宜大内人ら共々に拝礼をして夕の儀を終わるのである。

丑の刻（午前二時）には新穀で調理した朝の大御饌を奉る。その内院の儀式は夕べと同じであるが、そのあとで大直会《なおらい》が行われる。しかし、禰宜と宇治大内人の二人が新《にい》の饗《あえ》をいただくのは、このご正宮の大御饌の直後ではなくて、さらに滝祭の行事を終えてからである。なお、明治以降は夕も新穀を用いる（くわしくは拙著『伊勢神宮の祖型と展開』を参照のこと）。

今日では由貴の大御饌の儀を奉仕するのは祭主・大宮司・少宮司・禰宜以下の全神職と楽師である。

現行の宵暁の儀

九月の晦日にみもすそ川の東岸の祓所で大祓を修すると、いよいよ大祭がきたという実感がわいてくる。穢れにふれないよう、ことに喪のことなどには関係しないように心がける。十月十四日には神御衣祭を奉仕し、十五日の夕刻には御卜《みうら》の儀がある。祭主以下奉仕員のすべてが純白の斎服を着けて皇大神宮の中重《なかのえ》に参入する。奉仕者の一人一人がはたして神慮にかなうかどうか、この大儀奉仕の資格の有無を伺い奉る行事であるから緊張もひとしおである。

御卜《みうら》は歴名、口嘯《うそぶき》、琴板の三つによる。所役の者が、祭主の御名を始めとして一人一人の職名と名(姓はよばない)を読み上げる。他の所役が「うそぶき」といって内に息を吸い込んでヒュッと口笛を鳴らす。すると今一人の所役が笏《しゃく》をもって琴板をコンと打つ。神慮にかなったしるしである。これが一人一人に繰り返されるのである。全員が息をこらし、耳を澄ませている中で、朗々とよみ上げられる歴名、かすかな嘯《うそぶ》き、澄みきった琴板の音、この三者が夕宵のせまるお白石の上によどみなく流れる。まことに神々しい神事である。

こうして御卜の儀が無事終わると、はじめて、晴ればれと心も安まる。そして斎館にこもって静かにその時を待つのである。

十六日午後八時第一鼓。祭場弁備の所役の者たちが提灯をかざして、ご正宮へ、荒祭宮《あらまつりのみや》へ、

由貴夕（朝）大御饌（内宮）

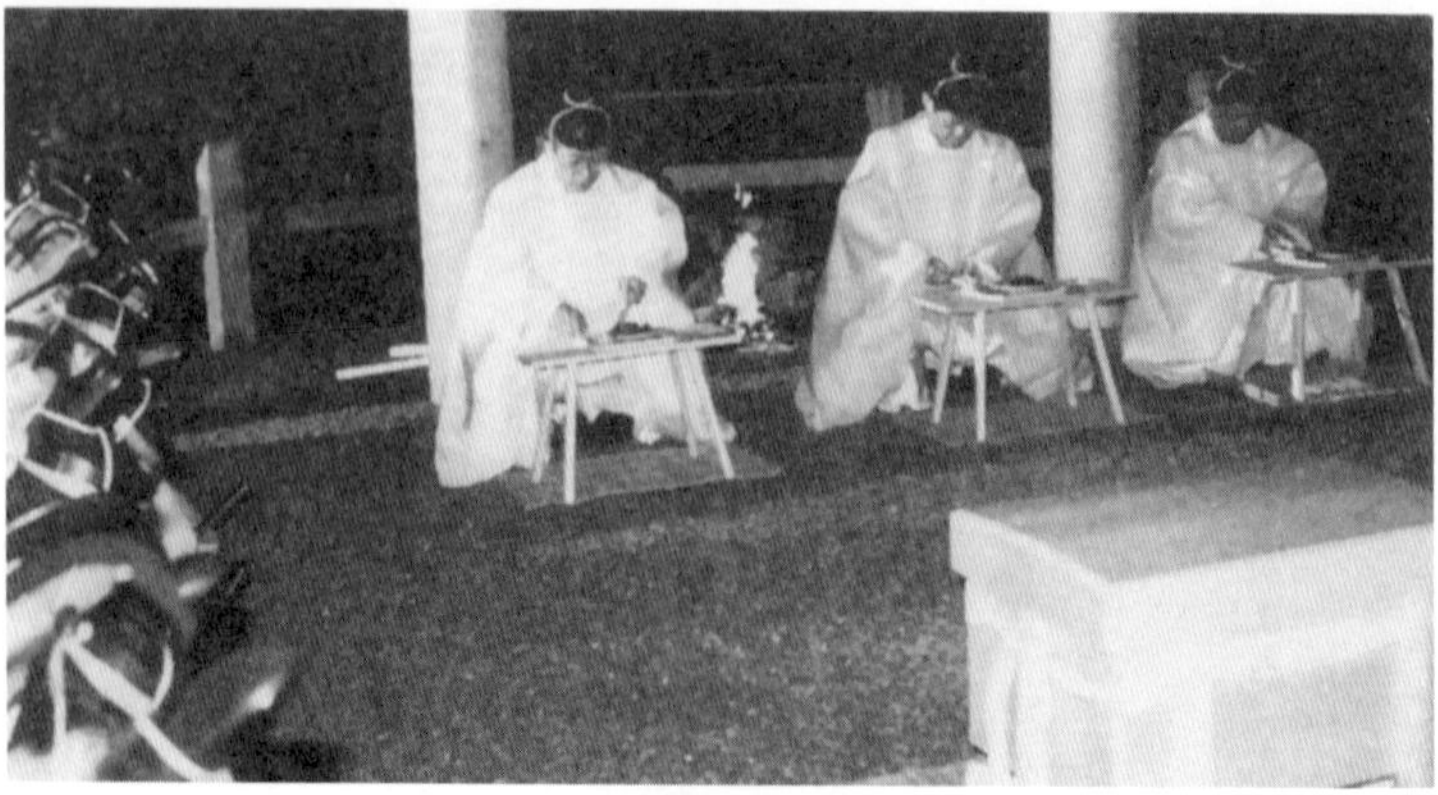

御贄調理の儀

滝祭さんへと出かけてゆく。

午後九時に第二鼓が鳴りひびく。あらためて手を清めて冠に木綿鬘《ゆうかつら》を付けたり、装束をととのえる。三十分ばかりも過ぎると着装して、宮掌、権禰宜、禰宜が次々に祭典玄関に出て手水をつかう。整列を終わったころ少宮司、大宮司が、最後に祭主が降り立たれる。そこで第三鼓。松明《たいまつ》のあかりに足許を照らされながら一列になって参進する。

忌火屋殿の前には由貴の大御饌を収めた辛櫃《からひつ》がずらりと並べてある。その前後に整列して、ここで修祓の儀が行われる。

大御饌と祭主以下全員のお祓いがすむと、再び列をととのえて御贄調舎に進む。「豊受大神の入ります神座」のみ前で権禰宜以下によるお調理の儀が終わると、いよいよ内院に参入するのである。忌火屋殿前から板垣御門の前までは、第一座の禰宜が大御饌の前を警蹕《けいひつ》をとなえながら進むことも付け加えておこう。

内院には階下に二基の結灯台《むすびとうだい》のかすかな明かりと、庭上の東西に小さな庭燎《ていりょう》が燃えているだけで、そのほのかな明るみの中に、瑞垣御門の外から楽師のかなでる神楽歌《かぐらうた》が流れてくるのである。土器に盛られた数々の由貴の大御饌を白木の案《つくえ》の上に順を追うてお進め申し上げ、白酒・黒酒・醴酒・清酒も土器に注いでお供えする。

そこで大宮司が祝詞を奏上して神嘗の由貴の大御饌を奉る由来を申し上げ、皇室の弥栄《いやさか》と国民の平安をお祈り申し上げる。終わると大宮司以下全員が例の八度拝という作法で、一斉に起《た》ち坐《すわ》りつ繰り返し伏しおがみ拍手して拝礼をささげる。うち鳴らす八開手《やひらで》の高らかなひびき

由貴夕大御饌の儀（内宮）
大御饌辛櫃の直前を禰宜が警蹕（けいひつ）を唱えながら参進する。

神嘗祭奉幣の儀（内宮）

は四辺にこだまして、神気縹渺の感は最高潮に達する（現祭主は内親王だから男性とはお作法が異なる）。

拝礼が終わると再び神楽歌がおこり二献をお供え申し上げる。一同で一拝八拍手ののち、また奏楽の裡に三献を供え、一拝八拍手。ここで終享の楽が奏される。「横山の如く」たてまつった由貴の大御饌大神酒を今やすらかにお召し上がり下さるひと時である。この吹きならす曲こそはまさに一年のマツリゴトの結実を祝う調べであり、同時に新しい年の夜明けを告げる序曲ともきこえる。

やがて大御饌を撤して祭主以下は正宮を退出し、つづいて別宮荒祭宮でも由貴の夕《ゆうべ》の大御饌の儀を奉仕し、斎館に帰ればかれこれ十二時に近い。禰宜の一人はその間に権禰宜以下をひきいて、所管社滝祭神に同じく夕の大御饌を奉仕する。

午前二時には由貴の朝の大御饌の儀が行われる。これは始終まったく夕の儀とかわりはない。異なるところは、参道にまったく人影もなく、御贄調舎にうずくまれば、五十鈴川のせせらぎだけが一際《ひときわ》たかくきこえるというだけである。

荒まつりの宮・滝まつりの神

荒祭宮と滝祭神の由貴の大御饌が正宮につづいて奉仕されることを述べたが、その次第についていささか説明を加えておかねばなるまい。

荒祭宮は皇大神宮第一の別宮《べつぐう》で、このお宮は大神の荒御《あらみ》玉《たま》をお祭り申しあげると『儀式帳』や『大神宮式』にある。アラミタマとは本居宣長によると「祈るところに寄り憑《つ》き給う神霊」であるという。それにしては、なぜアラミタマの宮と申し上げないのか（別宮に

荒祭宮

は月読荒御魂宮がある――)。どうしてアラマツリの宮と古来おとなえ申すのか。この単純な疑問については先学は何も教えてくれなかった。

ご正宮の真北に、小川をへだててご鎮座になっているこの別宮《べつぐう》の起原は、これまたまったく不明である。

縁起伝承はないけれども、祭儀は厳格に伝承されている。すなわち、ご正宮の大御饌の儀が行われるときにはこの荒祭宮においてもご正宮と同じ御品々が宵と暁の二度お供えされることは古今を通じてかわらない。もっとも別宮には忌柱のない点がご正宮と大いに異なるといってよい。また、上代には荒祭宮物忌と称して、専属の物忌と父とがおかれていた。これは荒木田氏でなく、宇治大内人（宇治土公）と同じく磯部氏の一統であった。正宮と荒祭宮との関係においてなお注目しなければならない点は、翌日の奉幣の際にもあるけれども、そういうことについては別にくわしく述べた

滝祭神
近代までは玉垣はなく、石畳のまわりを柴垣で囲んであった。

ことがあるので今は省略しよう（『神道文化』第九号の拙文を参照されたい）。

つづいて滝祭神の祭儀が行われることも昔ながらで、その祭場は御裳濯川の滝つ瀬のほとり御手洗場《みたらし》のすぐ南の林中にある。名称については、『儀式帳』では滝祭神社とあったり、あるいは「滝祭の地」とあったりして不統一である。また官帳社の筆頭にあげてあるけれども、六国史にも『延喜式』にもこの神は官社とはされていない。奉幣が行われることになったのは明治以降の新儀であり、それとても官幣ではないのである。こういう明らかな過誤をあえて『儀式帳』の筆者がおかしたのも、よくよくその祭儀が重く意識されており、滝祭という祭りの対象と仰ぐ神格が高かったからであろう。

なお、由貴の大御饌が終わると、毎度の

祭りのあとと同じように神主たちは直会《なおらい》をいただくのであるが、神嘗祭に限っては正宮の暁の大御饌のあと、直ちに大直会が行われ、それから滝祭行事を奉仕する。そしてこの後で再び直会をたまわり、ここで始めて禰宜と宇治大内人の二人だけが新穀の飯と酒をいただいたのである。このことをみても滝祭行事というのは、きわめて大切な祭儀であったことがわかる（拙著『伊勢神宮の祖型と展開』を参照されたい）。

斎王の太玉串

十六日から十七日の未明にかけて、夜を徹していとなまれるユキの大御饌祭につづいて、十七日の午の刻（正午）から奉幣の儀が行われるが、その奉幣の日には、まず斎王さまの参入という重大な儀式があった。前日、十六日に豊受大神宮に奉仕された斎王さまは、斎宮まではお帰りにならないで、宮川の西岸にある離宮院まで引きかえされる。離宮というのは、斎王さまの日常の宮殿である斎宮にたいして、祭りにあたって臨時に参籠なさる宮という意味である。ここには大神宮司の役所と、度会郡司の郡家も一所におかれて一院をなしていた。

一夜あけて十七日、斎王さまは再び総勢百人をこえる行列をととのえて大神の宮に向かわれ、みもすそ川の浅瀬をわたって神域にはいられた。今の一の鳥居のあたりで輿をお降りになり、水際にのぞんで御禊《みそぎ》の儀式をなさってから、手輿に乗りかえられ、進んで斎内親王侍殿《さぶらいどの》の座におつきになる。外宮と同じく外玉垣の内側、東の殿舎である。女官たちはこれと向き合った西の殿舎、女孺《めのわらわ》の侍殿に着座する（この女孺侍殿は中世廃絶）。

大神宮司は御かづらの木綿《ゆう》を、内侍《ないし》（上臈の女官）を経てお進めする。斎王はお手を打ってこれを受けてお着けになる。つぎに大神宮司は太玉串《ふとたまぐし》を命婦《みょうぶ》を経てたてまつる。斎王はまた一拍手してこれを受けとられ、この太玉串を捧げたまま、二人の命婦を従えて内玉垣御門前のお席まで進まれる。そして、さらに前に進み、座礼による両段再拝という作法をもってご拝礼をなさる。

ご拝礼が終わると、その太玉串を命婦を経て大物忌の童女に授けられるので、童女はこれを瑞垣御門の前におたてするのである。当時の太玉串というのは四、五尺（一・五メートル前後）もあるサカキの枝に木綿《ゆう》をとり付けたものであった。これを御門前の地面にさし立てたものらしい。

『日本書紀』の編者は斎王差遣のことを記述する場合に、「菟道《うじ》の皇女を伊勢の祠に侍らしむ」（敏達紀七年三月）とか「大来《おおく》の皇女《ひめみこ》を天照大神の宮に遣侍《たてまだ》さむとして」（天武紀二年四月）と記し、『続日本紀』でもまた、「久勢女王を遣《たてまだ》して伊勢の大神の宮に侍《さもら》わしむ（養老元年四月）といった記述が数か所も見える。

この「侍」という用語は神宮施設の中で、そのまま「斎内親王の侍殿」というように使われていることと、まさしく照応するのであって、斎王の斎王たるご本義は、このように大神の宮においていとなまれる祭儀に際して、御前近く侍《さも》らい給うことにあったかと思われる。すなわち、いままで述べたような行事をなさり、そして、奉幣の祭りの終わるまでの時をこの侍殿においてお過ごしになることで、これこそ斎王さまとしての最大のおつとめなのであった。斎王と定められ給うてから足かけ三年にわたる都での斎戒生活も、都をはなれて多気の斎宮にはいられて神事にあけくれするご生活も、すべてはこの一日のために存在したといっても過言ではあるまい。

その斎王さまの太玉串が奉幣の儀にさきだって瑞垣御門のほとりに立てられたということは、おそらく、お供えになるという意味以上に深く重い意義を秘めていたかと考えられる。大神にたいしての奉仕者であらせられると同時に、一面においては、倭姫命《やまとひめのみこと》と同じように「大神の御杖代《みつえしろ》」であらせられることを想起すると、いよいよそのことが重要に考えられてならない。

玉串行事　奉幣の儀というのは、こうして斎王さまが侍殿に再びご着座になってからはじまる。それにはまず玉串行事といって、大神宮司、禰宜、宇治大内人の三人が太玉串を捧持して参進する行事がある。

太玉串を受けとる場所はいわゆる玉串行事所で、西御敷地の南側にあたるところにある。参道の両側に石で細長くかこんだ所があることは、何度も参宮した人でもほとんど気がついていないようであるが、それも無理からぬこと。明治以後は遷宮祭の時、遷御とその直後の奉幣の儀に、ここで玉串行事があるだけで、例年の神嘗祭にはそのことが廃止されているからである（外宮では神楽殿の西側の大庭《おおば》がこの玉串行事所であることは前に述べた）。

古儀によると、この太玉串を用意するのは宇治大内人と、その配下の山向物忌（同父）で、宇治大内人の一名を後世では玉串内人といったのもそのことが主要な分担とされたからである。

大神宮司は左右の手に一本ずつを、禰宜は二本ずつを、宇治大内人の前にひざまずいて、拍手一つを打ってから受けとる。この大内人だけは山向物忌から左右の手に四本ずつ受ける。三人がそれぞれ太玉串を捧持すると、先頭に禰宜と宇治大内人とが左右にならび、大神宮司はその後につづき、次に朝廷の幣帛《みてぐら》を捧げもつ忌部、次に同じく幣馬《みてぐらのうま》を曳き立て、次に幣帛使の王と中臣、その次に皇大神宮の内人ら、次に斎宮寮の役人たち、こういう行列で板垣御門、外玉垣御門と参入して中重《なかのえ》に着座する。外宮と同じように、この中重には着座の位置を示す石壺がある。太玉串が先頭に立つことは注目してよい。

今は幣帛と勅使の行列がまず参進し、その後に祭主以下の神宮側がつづくのであるが、古儀においては、禰宜荒木田と大内人宇治土公《うじとこ》の捧持する太玉串が行列の先頭に立っていた。太玉串がたんなる神主たちのお供えものであるならば、この順序はおかしいともいえよう。また、神主が幣帛や勅使の先導役であるとすれば、三人の太玉串は何のためであろうか。しかも各人の捧げもった太玉串の数の相違はどういうわけであろうか。

八十《やそ》玉ぐしとも古典にあるように、数多くのタマクシを祭場に刺し立てて祭りをいとなむのが上代の風であったとするならば、伊勢にその古風が長く伝えられても不思議はない。これは、今日一般の玉串奉奠《ほうてん》とはまったくちがった意味の行事と考えなくてはなるまい。

奉幣の儀　一同は中重のそれぞれの定位置に着座するのであるが、まず忌部は幣帛を捧持して内玉垣御門の前方にひざまずく。するとお使いの中臣がその幣帛の前に進み出て祝《の》詞《と》を申しあげるが、この祝詞文は『延喜式』第八に伝えられている。

皇御孫命《すめみまのみこと》の御命《おおみこと》をもちて（天皇陛下のお言葉によって）、伊勢の度会の五十鈴の河上に、称《たた》え辞竟《ごとお》え奉る（おまつり申しあげる）天照坐皇大神の大前に申し給わく。

で始まり

常もたてまつる九月の神嘗の大幣帛《おおみてぐら》を（某官某位某王、中臣某官某位某姓名）を使として、忌部の弱肩に太《ふと》たすき取り懸けて、もち斎《ゆ》まわり、捧げ持たしめて、たてまつり給う御命《おおみこと》を、申し給わくと申す。

これで全文である。「大御神さまのご子孫である天皇が恒例のとおり、神嘗祭の大幣帛を、お供えになります。何某がお使いとして天皇のお言葉を申し上げさせていただきます」というのであって、ことさらに何の祈願の詞章も感謝の表現も、文辞の表面には出ていない。要するにお使は、この幣帛は陛下の仰せごとによってお供え申し上げるのであります、と奏上するのがその任務なのである。重点は冒頭の

「皇御孫命の御命をもちて」

にあるかと思われる。この一語に神宮の祭りが天皇のお祭りである本義が尽くされているといってもよかろう。

これにくらべると宮司の祝詞《のりと》は念入りである。これも『延喜式』にのっているが、かなり長文なので大意を要約することにしよう。もっとも、宮司の祝詞は大御神に申し上げることばではあるけれども、形式は禰宜内人らに申し聞かせる文体になっている。使中臣が同時に神宮の祭主という立場であるのとちがって大神宮司の方は神宮を常時管轄する行政官であるから、この場合は、神主を通じて大御神に申し上げる形をとったのであろう。その内容は、

「大御代の長久を祈り奉り、天下の国民のすべてを平安にご加護あらむことを祈って、これこれの物をお供え申し上げます」

というのに尽きるけれども、原文によるとその措辞はまことに意味の深いものがある。その一つは、「この事は天津《あまつ》祝詞《のりと》の太祝詞《ふとのりと》をもって申し上げるのであります」というところ。第二は「この祝詞を申し上げる今の時は、九月十七日の朝日の豊栄登《とよさかのぼ》りの時であります」という文辞である。

第一の方は、一言にしていえば「これは絶対絶命の詞であります」ということである。これ以外の言葉では表現することはできない。そういう来歴と意味とを備えたノリトであるという信念の流露が、この「天津祝詞の太祝詞」であろう。

第二は、実際には午後の何時かであって、太陽はすでに天心から西へ傾きかける時刻であるけれども、そんなことはお構いなしに「朝日の豊栄登《とよさかのぼ》り」に申し上げます、という。これは祝詞の常套句だといってしまえばそれまでのことであるが、その常套句のない祝詞もけっして少なくないところをみると、たんなる慣用のレトリックとは言い切れない。天地ここに始まるとでもいうような、まことにすがすがしく、めでたい詞章といわなければならない。

こういう二つの祝詞が奏上されたのち、太玉串を内玉垣御門の前に立てて奉る。そのあとで、ご正殿の御扉ははじめて開かれるのである。大神宮司以下が内院に参入し、大物忌の童女と禰宜の二人がこの開扉を奉仕する。そして幣帛と御衣《おんぞ》とをご正殿にお納めするのであった。御衣というのは、あらかじめ禰宜が奉織した御衣の絹二疋と宇治大内人の奉織したもの一匹とである。各地の神社で今も行われている御衣奉献の行事によると大祭の前とか、元旦の前夜というようなときであって、大祭が終わろうとするときに奉献する例は、寡聞にして知らない。皇大

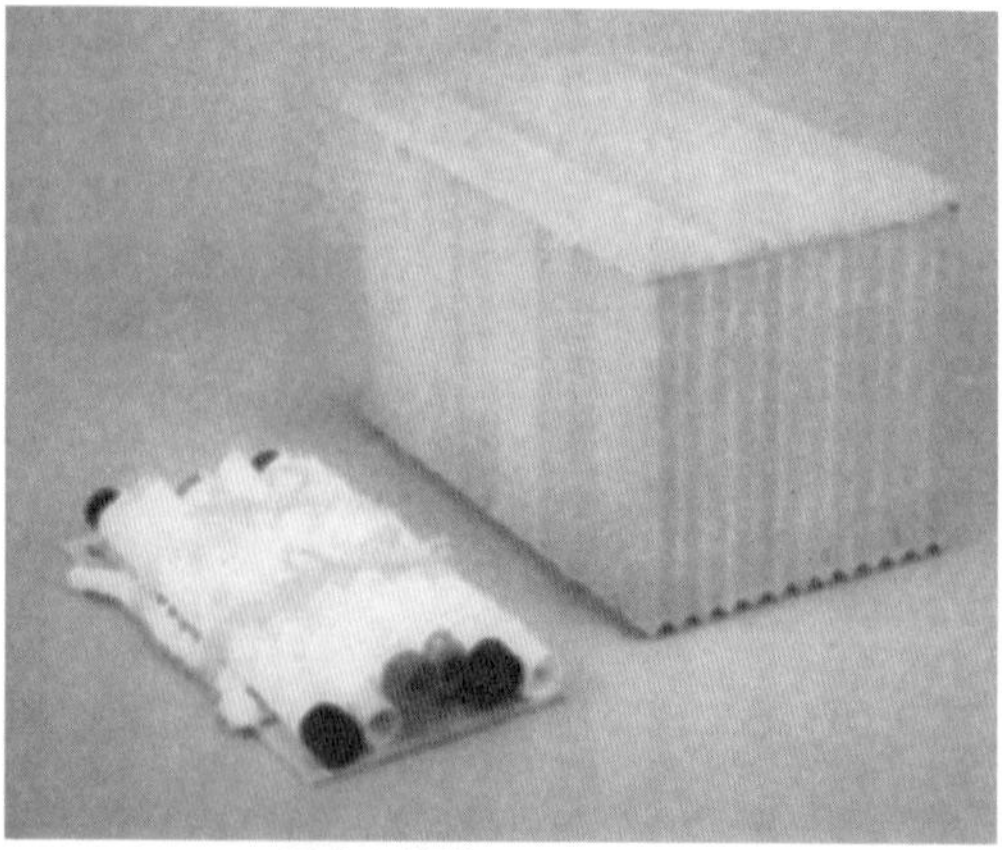

幣帛と柳筥（やないばこ）

神宮の場合には秋の大祭の前日（十四日）に、別に神衣を奉献される祭儀が行われるので、禰宜や大内人による奉献はこういうご開扉の機会をもって行われることになったものかもしれない。伊勢神宮の場合ご正殿のご開扉というのは、ご遷宮の時は別として、天皇の幣帛を奉納するための他にはないからである。

幣帛というのは、錦　一疋。両面　一疋。五色の綾（又は生綾《すずしのあや》）各一疋。白綾　一疋。これを方一尺四寸の柳筥《やないばこ》に納めてお備えされたのである（度会宮の幣帛は、帛《はくのきぬ》五匹だけであった）。

ご開扉ののち一同中重に退き、ここで一斉に八度拝を行い、奉幣の儀は一応終わるのである。

しかし、祭りはまだ終わらない。斎内親王はなお侍殿に侍り給うている。御使と神主たちは中重から退出して荒祭宮を拝礼し、幣帛と御衣の絹一疋を奉納。一同は直会院までさがって大直会をいただく。そして再び中重に参入してここで王も中臣も忌部も、また大神宮司も禰宜大内人も、さらにまた斎宮寮の主神《かんつかさ》や諸役人も、一人ずつみな倭舞を神前に捧げるのであった。舞い終わった者はその場で次々に直会のおみきをいただく。舞はこれらの男たちだけではない。禰宜や大内人らの妻も、斎宮寮の女孺たちまでも舞いかなでたという。その晴ればれとめでたい情景はまことに想像に余りあるものといえよう。

斎王さまは、ここで神宮の禰宜以下の神主たちにそれぞれ禄をお与えになり、ようやく侍殿を退出なさるのであった。

一〇　新宮に遷ります祭

伊勢の神宮では二十年ごとに新しくお宮を造り替えて大神の宮遷りをお願い申しあげる祭りがある。近くは平成五年（一九九三）にその遷宮祭が行われたので、次回は平成二十五年（二〇一三）である。

新しい宮

その準備が始まってくると世間ではいろいろの批判や意見が行われる。たとえば、いかに神さまのためとはいえ、二十年に一度とは過剰奉仕ではないか。木造に萱葺き屋根という様式を改めて、時勢即応の材料と構造を採用するならば半永久的な造営ができる。神宮の神主たちは旧習に拘泥しすぎるではないか、といった批判。あるいはまた、木造でも現に数百年を経て国宝となっている神殿はまれではない。神殿などは古めかしくものさびた姿ほど尊いではないか。この際、木造でよいから国宝的造営を後代にのこしてはどうか、といったたぐいである。

しかし、じつをいうと神宮の場合には建築物の朽損ということが造替の理由ではないのである。なるほど十年も経過すると部分的には小修繕を要する箇所も出ないではないが、総体としてはまことに堅固そのもので、お屋根の萱さえ部分的に取りかえてゆけば、あえて建材や構造を変更しなくても二十年くらいで造替の要は断じて生じないのである。

それでは何のための造替であろうか。

端的にいうならばそれは新しい宮殿を捧げるためにほかならない。新宮遷《うつ》りということ自体が目的なのである。

常緑の松は不易の象徴とされるが、その不老の松もじつは年々歳々新しいみどりを出しては、ひそかに古葉をおとし去って、あの常緑を維持しているのである。新宮は、たとえていえば松のみどりである。この国の悠久の生命を維持してゆくための、みずみずしい松の新芽《みどり》ともいうべき新宮を周期的に造営し、そこに大神の神威の輝きを仰ぐ。この定期的な繰り返しこそが目的なのである。目的的行為というよりもむしろそれは必然的な生命活動といった方があたるであろう。松の新芽が松自身の生命のたくましい意欲の発現であるように、新宮造りはこの国自体の根元的な意志表示にほかならない。それは個々の人間の意志や感情ではどうにもならない内在的な生命力の発現として、換言すれば天皇の思召《おぼしめ》しによって、繰り返されてきた。

神嘗《かんなめ》の大まつりとは、もともと新穀をたてまつることにあわせて、禰宜たちが神衣《おんぞ》を織ってご正殿に奉納する行事であったことを前章で述べた。さらには、大神宮司をして和妙衣《にぎたえのみそ》と荒妙《あらたえの》衣《みそ》とをこの大まつりにさきだつ十四日に奉納せしめられる神衣祭も行われてきた。それだけではない。十五日には瑞々《みずみず》しい榊《さかき》の枝をもって宮居をとりかこみ、いわば新しい神垣を造成し奉ったことも前に述べた。

これらをあわせ考えると、大神のための新しい装《よそお》いをつくることは、めぐりくる秋ごとのマツリゴトなのである。ただ、宮殿建築ばかりは規模が大きすぎるために、周期十二か月というわけにはゆかなかった。

そこで『延喜式』にあるように、

大神の宮は二十年に一度、正殿宝殿および外幣殿を造替せよ。度会の宮および別宮余社の神殿を造るの年限はこれに准《なら》え。みな新材を採りて構え造れ。

と、古くから造替年限は二十年をその周期と定められていたのである。そして、

九月十四日に度会宮を粧《よそほ》い飾り、十五日に御像《みかた》を徙《うつ》し奉り、同日大神宮をよそおい飾り十六日に徙《うつ》したてまつれ。

と規定されている。十月十五日とは度会宮の、十六日とは大神宮の由貴《ゆき》の夕朝の大御饌を奉仕するその日にほかならない。

すなわち、新宮を装飾しそこに大神をお迎え申しあげて新穀をたてまつる、という一連の祭儀であって、これはまさに神嘗祭そのものである。年々歳々の神嘗祭よりも規模において大小の相違があるにすぎない。新宮造りとはこのように神嘗の大祭の一部なのである。新宮の二十年ごとの遷宮祭は造営遷宮ではなく祭典遷宮というべきであるといわれる所以である（拙著『式年遷宮の理由』平成九年伊勢神宮崇敬会）。

遷宮の起源

法令において二十年一度造替のことが見えるのは前掲の『大神宮式』が初めてであるけれども、この制度の沿革をたどると天武天皇の御代にさかのぼる。

川添登氏はかつて「薬師寺の東塔」（淡交社版『西の京薬師寺』所収）の中で次のようにいわれた。

ブルーノ・タウトがギリシャのパルテノンに比すべきものとした伊勢神宮の様式がいつ完成したか正確なところはわからない。しかし遷宮の制度が朝廷によって定められ、最初の遷宮造営が行われたときとみるのが、至当かと思う。現在までのところ、最も確からしい最初の遷宮祭は持統四年に挙行された。

この持統四年（六九〇）というのは『太神宮諸雑事記』とか『二所大神宮例文』などにみえるところで、前者には

持統女帝皇即位四年庚寅大神宮御遷宮、同六年壬辰豊受大神宮遷宮

とあり、後者には

白鳳十三年庚寅九月太神宮御遷宮

とし、その割注には

持統天皇四年なり。この御宇より造替遷宮を二十年に定めおかる。ただし大友皇子謀反のとき、天武天皇のご宿願に依れるなり。

とその由来にも及んでいる。

川添氏は上掲の論文の中で、白鳳期の文化というものは天武期においてつくられた機構、組織に持統天皇が具体的な形姿を与えられたところに開花した、と考察し、持統朝の文化は藤原京の一大建設を間にはさんで伊勢神宮に始まり薬師寺に終わるものだとされた。いろいろの学者の立論もあるけれども、私はむしろ史学者ならぬこの建築評論家の詩人的な洞察にもっとも

同感を覚えている。

まさに古伝のいう通り、先帝のご宿願にたいする持統女帝の情意あわせこもるご応答がその起原にちがいあるまい。

木造ながらも新しい外来技術を駆使するならば、法隆寺の金堂や薬師寺の東塔のような、なかば永久的な建築も可能であった時代に、あえて萱葺き掘立て柱の古い伝統形式をもって神宮のご造営は行われた。そのご選択の基準ははたしてどこにあったのであろうか。しかも二十年という期限による造替制度を立てられたというのはどういう思召《おぼしめ》しであったろうか。

これらの設問にたいしてもまた、これまでさまざまの説が述べられているが、天武、持統両朝の御事蹟を中心にすると次のようにも考えられる。

神宮のご存在は、永遠にわたって変わってはならないはずのわが国の文化の根源であるからには、その姿もまた日本の象徴でなくてはならないのは当然であるが、それにつけて想いおこされるのは天武天皇のご事蹟をつらぬくご意図である。

「偽をけずり実を定め、後葉につたえんと欲す」との天皇の勅命によってかの『古事記』の編纂《さん》事業はおこされたと『古事記』の序は伝えるが、これは当時まさに混沌という状態にあった言語伝承を、万代不易の規範として体系化されるための画期的な事業であったことはいうまでもない。その同じ思召しは造形文化の面にもおよぼされた。とうとうたる大陸文明の流入によって大きな文化変容の時期に際会していたことであるから、建築面においても日本的な様式伝承にはおそらく少なからぬ混乱がおこっていたにちがいない。そこで後葉に伝えるべき日本のフォームをどこかにおいて定着させなければならないとすれば、それは伊勢をおいてはない。丹下健三氏が神宮こそは「日本建築の原形であり、その伝統の起点である」といわれたのは、いみじくも天武天皇のご意図のみごとな成果に捧げた賛辞のようにも思われる（朝日新聞社版『伊勢―日本建築の原形』）。

しかも、この「智海浩瀚」の英帝が確立されたものは単なる造形の典型だけには終わらなかった。すなわち行為伝承としての祭儀を正しく後葉につたえて「邦家の経緯、王化の鴻基」（『古事記』序）が永遠に失墜することのないようにと意図された。それがとりもなおさず二十年一度の造替遷宮の制度ではなかったか。

天皇の「ご宿願」の具体化は持統天皇の御代に完成したものもあったし、古事記のようにさらに後になって実を結んだものもあったけれども、そのいずれもがこのような一すじのお祈りに発していると拝するとき、あらためて讃仰の思いを禁じがたい。

ご遷宮は「神宮無双の大宮」といわれたほどの大儀であるから、その内容も多岐にわたっているが、古儀によるとそれは次の五つの行事に大別される。

遷宮の行事

1　心御柱奉建
2　ご正殿以下の造営
3　御装束神宝のご献進
4　遷御
5　由貴大御饌

神宮のことはすべて国のマツリゴトであったから
その機関が政府に設けられたことはいうまでもない。
ご遷宮においてまず設置されるのは造宮使で、使（長《か》
官《み》）と次官《すけ》、判官《じょう》、主典《さかん》二人、それに木工の長上一人、
番上の工四〇人というスタッフであった。このうち長
官と判官には中臣忌部の両氏を任用する定めである
（延喜式の規定では次官を欠いている）。

当時において造替遷宮の行われる宮々は、大神宮、
度会宮の両正宮をはじめ別宮荒祭宮、多賀宮、月読
宮、滝原宮、伊雑宮の七院と摂社十二所であった。
十二所というのは大神宮の摂社では朝熊《あさくま》社、園相《そのお》社、
鴨《かも》社、田乃家《たのえ》社、蚊野《かの》社、湯田社の六社で園相社以
下はすべて皇大神宮から遠くはなれたところにある。
度会宮の摂社では月夜見社、草奈伎社、大間社の三
社でこれはすべて外宮と同じ沼木郷に鎮座される。
のこる三社は須麻漏売《すまるめ》社、佐那社、櫛田社で神名帳
多気郡五二座の筆頭三社である。土地ではそれぞれ
一の大宮、中宮、大社と後世でもとなえたといわれ

遷御の儀

昭和４年遷宮絵巻より（高取稚成氏筆）

る。ともかく正宮と別宮だけでなく両郡内の主要な摂社まで造替をするのであるから造宮使はなかなかの大任であった。

造宮の事業は前の遷宮から十七年目の十月から着手され、二十年目に完成するのが平安鎌倉の時代の実際であったから四年をかけて以上にあげた宮社の造営を奉仕したわけである。

その開始の祭は山口祭《やまくちのまつり》で、ご用材とお萱を採取する御杣《みそま》の山口にまします神を祭り、山の草や木をいただくについてご挨拶を申し上げるのである。当時は神路の山々が御杣であったことはさきにも述べた。造宮使の忌部が祭主となってこの祭りは奉仕する。忌部というのは今日の造営技監とでもいうべき職分だったのである。

次いで吉日をえらんで心御柱《しんのみはしら》用材を伐るための木本祭《このもとさい》が行われる。『式』には「正殿の心の柱を採る祭」とある。宇治大内人や山向物忌などが忌部とともに奉仕したのはおそらく古い伝統によるものであ

御杣始祭（みそまはじめさい）

ろう。

屋根の萱をととのえたり一切の用材を伐り出したりする仕事が一斉にこれから始まるのであるが、そういう役夫《やくぶ》は伊勢をはじめ美濃、尾張、三河、遠江の五か国からその国司と、神戸《かんべ》のある郡の郡司が引率してきて従事したものである。今日ならばさしあたり東海四県の県知事たちが引率して奉仕するというところである。

つぎに新宮の御《み》敷地《しきち》で地鎮祭が行われる。当時は宮地鎮謝の祭りとか、宮地を鎮める祭りとかいわれた（いまは鎮地《ちんち》祭《さい》という）。これは摂社十二所にいたるまですべての新宮地、新社地で行うのである。

これにつづいて正宮では心御柱《しんのみはしら》を立て奉る神秘な行事がその夜行われる。奉仕者以外のものはすべて域内から退去するほどの厳重な物忌みの状態において禰宜と大物忌が奉仕したのである（いまはご正殿の造営がすべて終わった時点でこの神事は行われる)。
この順序をみると、忌柱は宮殿を設けない時代の祭儀の姿をとどめているのではないかと、先学も言っている。かつてこの忌柱の前に大御饌を供したことが思い合わされる。
次には杵築祭《こつきさい》がある。むかしは「正殿《おおとの》の地築《つちつ》き平《たいら》ぐる行事」といった。その前に新宮の御敷地に新しい土を運んでくるのであるから、新宮造替というのはその宮地の土までも更新することをふくんでいるのである。
禰宜内人ら一同でそれぞれ手に白木の杖を持ちこれで地搗《つ》きをする行事であるが、そのときにとなえる歌が両宮の古い遷宮記録にのっていて、今日もそれが歌われる。
かしこしや　五十鈴の宮の杵築きしてけり　杵築きしてけり　国ぞ栄《さか》ゆる　郡《こおり》ぞさかゆる
　万代《よろずよ》までに　万代までに
天照らす大宮どころ　かくしつつ　仕えまつらん　かくしつつ　仕えまつらん　万代《よろずよ》まで
に　万代までに
度会宮では一首で
度会の豊受《とゆけ》の宮の杵築きして　宮ぞさかゆる　国ぞさかゆる　万代までに　万代までに
それを終えて各人が倭舞を舞う古儀はいまも大宮司以下がそのままに奉仕している。もっともいまの杵築祭の時期は別表(二一三頁)に示すとおりで、中古以降は柱根を築き固める行事と

お木曳き

二十年ごとのご遷宮には，その用材搬入のために神領民が奉仕してきた伝統によって，今も旧神領民が中心になり，全国からの参加者もあり，盛大にご遷宮の前奏曲をかなでる。写真は川曳き風景（五十鈴川にて）。

なっている。

こうして次々に工程が進む一方では造宮使は殿内のご神座や机などを造作する。中でももっとも重いのは御正体《ごしょうたい》（御神体）のお鎮まりになる御樋代《みひしろ》と御船代《みふなしろ》の調進で、その用材を伐り出すときにはふたたび木本祭が行われる（今日では御樋代木を奉伐するのは御杣始祭《みそまはじめさい》、御船代木を伐り奉るのは御船代祭と、二度にわけて行っている）。

御杣《みそま》からそのご用材をお運びするときに前《みさき》追《おい》といってオーといういましめの声をかけることになっていたのは忌柱のご料木とこの御樋代・御船代木の二つである。むかしからそれほどに敬重してきた伝統は今日も生きていて、木曽の御杣から御樋代木をお運びするときには、沿道の人々はこの「ご神木」をひと目でもおがみたいと群集し、町々村々では賑やかな奉送迎の行事が催されて盛大をきわめるのが例である。

宮造りが一応でき上がるとその東西の妻の束柱に鏡形を穿《うが》ち奉る神事がある。『皇大神宮儀式帳』の方は鏡という文字を遠慮申しあげたのか、たんに御形をうがち初めると記している。そのためか、今日では御形祭《ごぎょうさい》と称している。『延喜式』によると「鏡形の木の覆金《おおいがね》二十四枚径各二寸一分」とあり、それに一寸五分の脚がつけてあって、これを上から打ちこんで覆《おお》うのである。もっともこれは皇大神宮の方で、外宮の場合にはいまも覆金はない。

この行事はもともと禰宜が奉仕したものと見える(『儀式帳』では内宮は地祭物忌父《とこまつりの》、外宮は菅裁《すがだちの》物忌父の奉仕といい、かれらが事故のある時は禰宜が奉仕するのであって、他の物忌父には代行させないのである)。造宮使の忌部や工匠の行事でないところをみるとたんなる装飾的な工作でなかったことが察せられる。この時、呪文がとなえられたと古記録にもあるので、鏡の霊力により一切の災禍を祓う意味で東西の妻に付けられたのではないか、といわれている。

こうしてすっかり新宮が完成する時期になると、太政官の少弁以上の役人を長官とする「新宮奉飾使」が任命される。この機関には鍛冶の長が所属していて、飾金物《かざりかなもの》や釘かすがいの類いを都から持参して奉飾するのである。

神宮日常の金物類は忌鍛冶《いみかじの》内人が調製していたけれども、ご造替の場合には釘一本にいたるまですべて政府の直営でつくられた。『大神宮式』はその数量や規格まで詳細にさだめているが、用いられた金属の総量では、熟銅一三一斤三両二分、半熟一七一斤、滅金《めっきん》八斤四四両、銀一両二分一朱と集計されている。こういうお金物をとり付けるために奉飾使が設けられたのである。

造営が完成すると後鎮祭《ごちんさい》が行われる。大宮地守護の神にかさねて神殿のご安泰を祈る祭りである。

このほか『延喜式』にはみえないが、時代とともに儀式は複雑化してきて、木造《こつくり》始祭、立柱祭、上棟祭、檐付《のきつけ》祭、甍《いらか》祭、御戸《みと》祭などの諸祭が加えられ、あらゆる工程にわたって深いつつしみをこめた祈りをかさねることになった。現行の諸祭行事については別表（二二二頁）を参照されたい。

御装束と神宝

神宮の殿内をお飾りする品々などを調製する機関としては、造宮使と別個に営造神宝幷装束使という役所がやはり太政官に設けられた。その構成は次のとおりであった。

弁官（五位以上）一人。史一人。史生二人。官掌一人。神祇官（または諸司の）主典以上四人。（これは今でいう専門官に相当する）史生四人。女孺二十一人。仕女二人。雑使六人。雑工六十三人。その他の職人は必要に応じて採用する。

仕事始めは、遷宮の年の七月一日に、もっとも清浄な神祇官の西院において行うことになっていた。

御装束というのはいろいろあって『儀式帳』の類別によると次の七類になっている。

1　新宮に奉遷の儀式（遷御《せんぎょ》の儀）の装束
　紫の衣笠《きぬがさ》、紫の刺羽《さしば》、菅《すげ》の刺羽《さしは》、菅の御笠、絹垣《きぬがき》、道敷《みちしき》の布など。

2　大神の正殿の装束六点
　殿内の壁や天井、御扉の内などに張りわたす御帳《みちょう》や御幌《みとばり》の類。

3　御床《みゆか》の装束四種

御神座を奉飾する御料である。

4　御樋代《みひしろ》の御装束六種

これは説明するまでもなく、神鏡をよそおい奉るご料である。

5　出でます御床《みゆか》の装束七二種

御衣、御裳《も》、御帯、御おすひ、御ひれ、御沓《くつ》、御襪《しとうず》、御櫛のふくろ（御櫛八枚を納める）、御もとゆいの糸、御髪あての絹、白玉のふくろ（白玉すなわち真珠を納める）そのほか、御衾《みふすま》

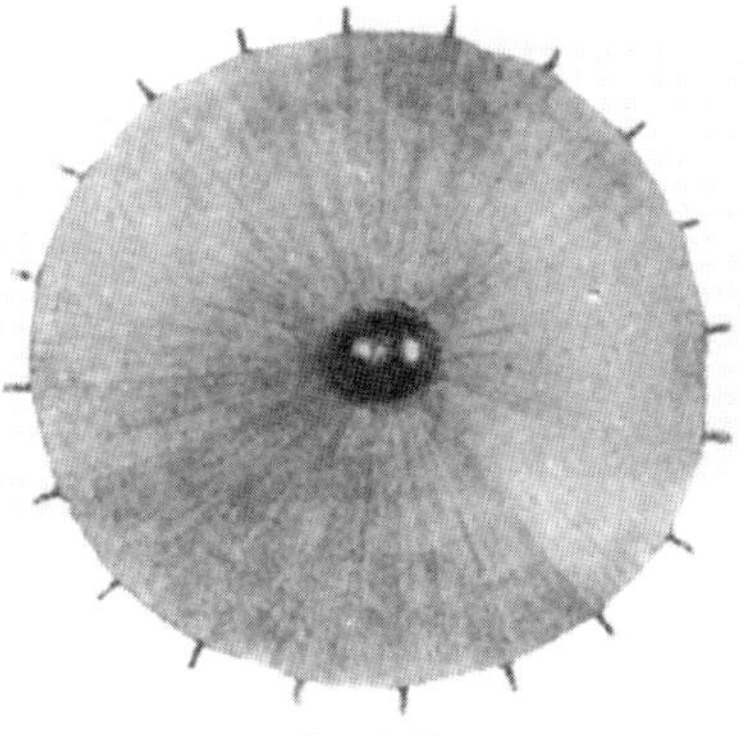
菅の御笠

菅の御翳（さしば）

御櫛

ツゲのおんくしを錦の袋に収め銀平文をほどこした黒漆の筥に入れて奉納する。

や御幌《みとばり》もあって七類の中ではもっとも多種にのぼる。いわゆる如在のご神座のよそおいである。

6　相殿に坐す神の御装束二点　相殿の神の御船代のご料である。

7　宝殿と御門の御幌《みとばり》あわせて六張
東西宝殿および瑞垣、蕃垣、内玉垣、外玉垣、各御門の料である。

以上が皇大神宮の御装束といわれるものであるが、このほかに各別宮にもそれぞれ所要のご料があったことはいうまでもない。

つぎに『儀式帳』によると神財物《かんだからのもの》といわれた神宝がある（写本によっては宝殿の物ともある）。

金銅《こんどう》のタタリ、麻笥《おけ》、カセヒ、ツム、銀銅のタタリ、麻笥、カセヒ、ツムといった紡績具、弓、矢、横刀《たち》、靫《ゆぎ》、鞆《とも》、楯《たて》、戈《ほこ》といった威儀のもの。それに御鏡一面。以上である。『延喜式』にはこれに鵄尾《とびのお》琴一面を加えてある。横刀《たち》の中でももっとも精緻をきわめるのは玉まきの横刀であるが、それに関する式の規定はつぎのとおりである。

玉纏《たままき》の横刀《たち》　一柄（柄《つか》の長さ七寸、鞘《さや》の長さ三尺六寸）柄がしらの横に銅をつけ金を塗れ。長さ三寸八分（片端は広さ一寸五分、片端は広さ一寸）。頭《かしら》のいただきに仆《ふ》せたる鐶《みみがね》一勾《こう》をつけ（径一寸五分、玉纏十三町、四面に五色の玉あり）五色の組《くみ》の長さ一丈、あしするゑの組四尺をつけ、柄《つか》に勾金《まがりがね》をつけよ。長さ二尺（鈴八口、こはくの玉二枚をつけよ）。金の鮒形《ふながた》一双（長さ各六寸、広さ二寸五分）。著緒《つけお》の紫の組、長さ六尺。袋一口《く》（表は大うんげんの錦、裏は緋の綾の帛、各長さ七尺）

横刀《たち》一ふりについてもこれだけのくわしい規定をのせてある。

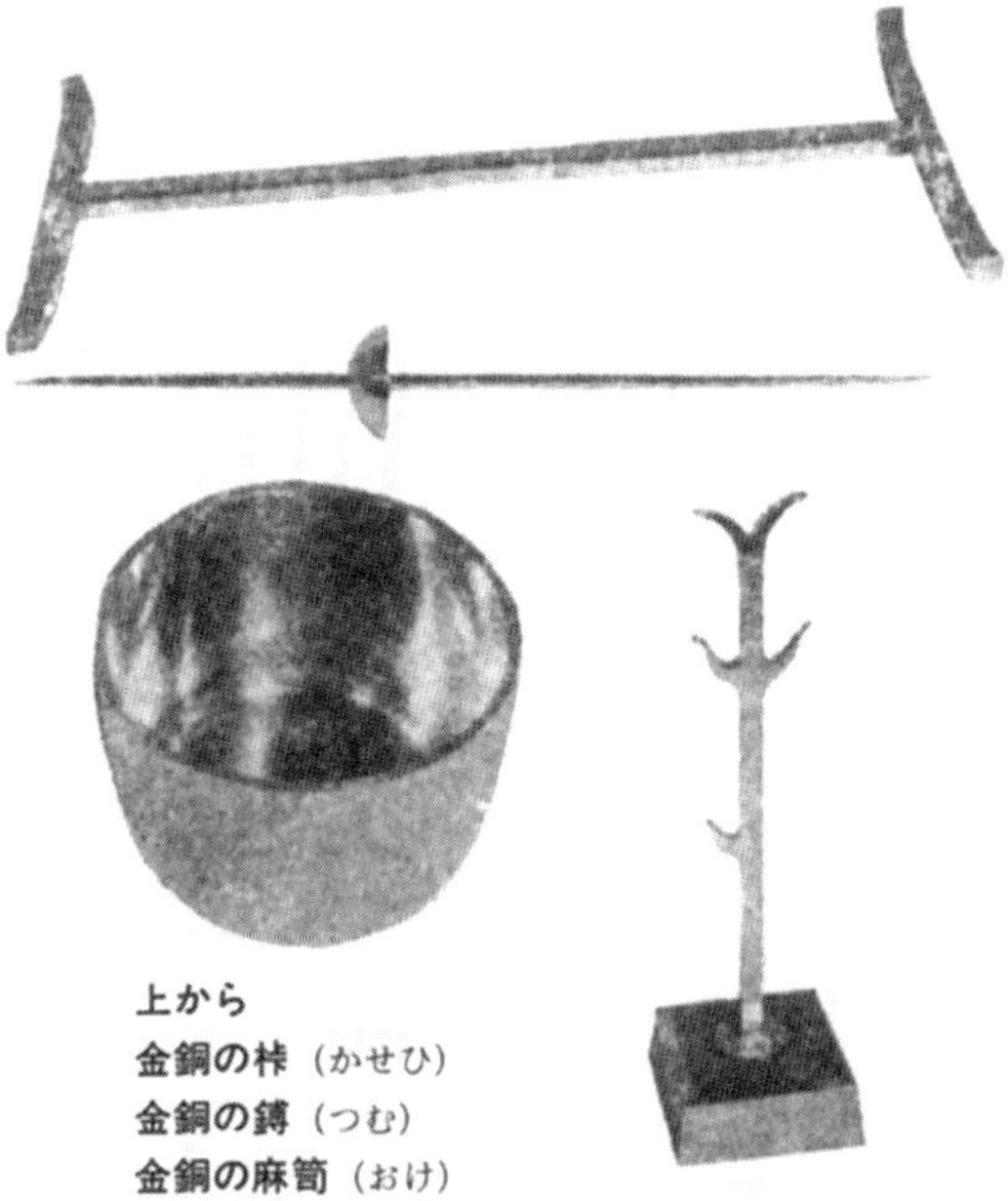

上から
金銅の桛（かせひ）
金銅の鏄（つむ）
金銅の麻笥（おけ）
金銅の榺（たたり）

しかし、品目は時代とともに漸増された。豊受大神宮はじめ別宮の神宝も、『式』にはのせていないけれども、のちの記録には加えられてくる。そうして、常に「前例」を踏襲しながらも、品目にも規格にも時代々々の風をすこしずつとり入れて現代におよんだのである。両ご正宮の御装束総計一四八種、神宝五三種という現状はこうしてできた。

奈良平安の時代には現実の用にもあてられていた品でも、後代に

御靫（おんゆぎ）

なるといわゆる有職ものになったものは少なくない。まして現代においてはこれらのすべてが時代ばなれをした品々となったのであるから、前例を踏襲して奉製するためには、きわめて特殊な材料と技術を必要とすることになった。いわゆる人間国宝とか、かくれた名工といった人々にたよるほかはないのである。また、それでこそ当代の至誠をこらした御装束神宝として大神のご照覧にそなえ得るものといえよう。

しかし、世間に伝えられるように、中にはまさに断絶しようとする技術もある。たとえば玉纏《たままき》の太刀などを飾る平緒《ひらお》は、唐組《からくみ》というきわめて精巧な大陸伝来の技術で、すでに中国にもなく、わが国でもこれを伝承する人はただ一人（古沢康史氏）にすぎない。また、葛筥《くずばこ》というのは滋賀県水口町にむかしから伝承した民芸であるが、実用に供されることが絶えたために、その技術者も他に求めねばならないことになった。こういうことは民族文化保持の面からみても、大切なことであるが、もはや民間だけの力ではどうにもならない事態になっている。

さて、話を上代へもどすことにしよう。

このような御装束神宝がすべてできあがると、これを伊勢に送りとどけて奉納されるための使いが発遣される。それを宮飾使とか、神宝使あるいは装束使とよんだ。これも太政官の弁官があてられ、それに神祇官の史《さかん》、史生、神部、卜《うら》部などが附属した。

大神の御装束がいよいよ送られる時がくると、まず宮中のお祓いが行われるだけでなく、中臣氏を左京、右京、五畿内、それに通路にあたる近江、伊勢の国々につかわして、それぞれの地で祓いの式が行われた。大神宮司の役所でも同じく祓いの儀式が行われ、こうして清浄になったところではじめて御装束神宝の辛櫃《からひつ》を奉じた神宝使は伊勢に向かうのであった。

もっとも平安中期からのちの記録によると、この神宝使には弁官に代わって神祇官の伯《かみ》あるいは造宮使、ときには祭主があてられたこともあるが、いずれにしてもきわめて重い役目として明治二年（一八六九）のご遷宮までつづけられた。

明治二二年度のご遷宮からは神宮の所轄官庁である内務省に造神宮使庁という官庁が設けられ、その長官（造神宮使）には神宮祭主が任じられることになった。造神宮使庁というけれどもその内容は律令制時代の造宮使、新宮奉飾使、営造神宝并装束使および神宝使のすべての機能をもつ役所が常置されたのである。したがって副使以下の諸官吏はすべて内務省内にあり、予算は国会で議決された国費でまかなわれたことはいうまでもない。

遷御の儀

御敷地の土を新しくした上に、木の香もかぐわしい素木《しらき》のご正殿はじめかずかずのお建物が立ち、御装束神宝がすべてととのった上でいよいよ行われるのが遷宮祭である。

遷宮祭は遷御《せんぎょ》の儀を中心にして前儀と後儀にわけて考えるとわかりやすい。前儀としては
1　御装束神宝読合《とくごう》の儀　神宝使から神宮の神主が引き渡しをうけるについての儀式で、送《おくり》

川原大祓（外宮）

官符《かんぷ》と照合しながら寸尺や文様まで調べてあやまちのないように受けとったものである（明治以後は四丈殿において造神宮使から神宮祭主にわたされ送文《おくりぶみ》と照合される）。

2　川原大祓《かわらのおおはらい》
御装束神宝と禰宜以下の奉仕者（明治以後は神宮祭主以下）の大祓の式で、内宮では滝祭神の祭壇の南方の祓所、外宮では中の池の北岸で行われる。

3　御飾《おかざり》の儀　新殿の内部の御装束をよそおい、また、遷御のご用意をととのえる儀式で、遷宮当日の正午から奉仕する。

こうしていよいよ遷御をむかえるのであるが、その日時はむかしは前述のように一定していたが、いまは陛下のお定めによって決定される。近代の例によると皇大神宮は十月二日、豊受大神宮は十月五日のいずれも午後八時に斎行されている。

奉遷使としてのお使いには宮内庁の掌典長が差遣される例である。年中のお祭りには明治以来すべて純白の斎服を着用するのが神宮の神主の服制となっているが、遷宮祭にかぎっては川原大祓をはじめ重儀には束帯《そくたい》（権禰宜と宮掌は衣冠）の上にさらに明衣《きよぎぬ》をつけるという古儀にしたがっている。

やがて定めの時刻がくると域内の照明はいっせいに消されて文字どおりの浄闇となる。鶏鳴《けいめい》三声が瑞垣御門の下で奉仕されると、午後八時、勅使がご正殿の階下に進んで出御を申される。そこで大宮司、少宮司、禰宜の奉戴申しあげる仮御樋代にうつらせ給うた大御神の神霊は、しずしずとご正殿をいでまし給うて、新しいご正殿へとおうつりあそばされるのである。まっ白い絹垣がほのかにゆれ動きつつ進まれる前後には、前陣後陣の行列がつづく。

この出御の時刻、皇居におかせられては神嘉殿の前庭において陛下がいわゆる「庭上下御《ていしょうげぎょ》」という最高の礼をもってご遥拝あらせられる由である。

昭和二八年のご遷宮に庭燎《ていりょう》の奉仕をした伊東深水画伯（一八九八〜一九七二）は、その時の感想をこんなふうに描いている。

点々と参道に映ずる燎火。それ以外は一さい闇である。限りもなく伸びる老杉のこずえが静かに星空を支えている。星も杉も白い宮柱も静かに息づき、それが何か神と共に気色をあわせているような感じがする。開闢以来このこずえに、この岩ごけに、この宮居に刻みつけてきた遥かなる時間が静かにおごそかに流れてゆく。（中略）

遷御。私は生涯でこれ以上の恐ろしいショックを受けたことがない。白く大きななにものかが闇の中をゆらめいて動いてゆくのだ。……その形態は実は生きているのだ。ゆらめきつつ激動しつつ意志あるものの如く新らしい宮居に向って進んでいるのである。神厳とか神意とかいうより、これは恐ろしいといった方がよいだろう。（『瑞垣』昭和二九・一）

こうしてめでたく新宮に入御あらせられると、ふたたび庭燎がかがやきわたる。

昭憲皇太后（一八四九〜一九一四、明治天皇の皇后）の御歌に

新宮にいつきまつりて皇神《すめがみ》の
みいつもさらにあらたまるらむ

と拝するが、山口祭以来かずかずの祭儀をかさねて新宮を造営し、御装束神宝を調進してむかえた遷宮祭とは、まさにこの御歌のこころにほかならない。

日本人の古来の信仰では、神と人は祖孫《おやこ》のあいだがらである。親のよろこびはただちに子のしあわせであり、神のみいつのあらたまりは人のいのちの再生にほかならない。みずみずしい新宮を仰ぎたてまつる二十年ごとに、民族は若々しい生命のよみがえりをして、この国のかぎりない前進のために立ちあがってこそ、大御神の限りない神恩におこたえすることができるものと思われる。

さて、遷御の後儀に属するものには翌日の大御饌祭、奉幣の儀、古物渡し、御神楽の儀などがあるがこれらは別表（二二二頁以降参照）にゆずるとしよう。

の沿革のあらましをたどることにしたい。

諸国遍満の経営

これまで述べたように、二十年ごとのご遷宮というのはまことに大規模な祭りであるが、これらの経費についてはどのようになっていたであろうか。その沿革のあらましをたどることにしたい。

律令制のもとでは造宮使から奉遷使にいたるまでのすべての機構が政府に設けられたのであるから、経費の全額が国費で支弁されたことはいうまでもない。その主たるものは神税であり、不足分は正税でおぎなわれ、さらには神戸《かんべ》所在の国郡から役夫《やくぶ》が供給されたのである。

ところが平安中期以降になると荘園が全国的に増加してきて公田公課もしだいに減るばかりとなり神税の収納さえ困難になってきた。そこで皇居や大寺院の造営費を調達する例にならって、しかもそれを全国的規模に拡大して臨時の目的税を賦課するという制度がはじめられた。いわゆる大神宮役夫工米《やくぶくまい》の制度で、これは太政官符をもって全国の田地に対して賦課したもので、その対象は公領も権門勢家や有力な社寺の荘園も例外をゆるさないものであった。これまでの役夫工米（造営役夫の料米という意味）はその徴集範囲を限定したり、あるいは荘園の性格によっては免除の特典を与えたりしたものであったが、大神宮役夫工米の場合にはいわゆる「諸国遍満の経営」（建久二年、後鳥羽天皇綸旨）として全国的な奉仕とされたことが著しい相違点であった。このことについてはかつて小島鉦作博士が詳細な研究をとげられたのであるが（『伊勢神宮史の研究』『小島鉦作著作集』第二巻、吉川弘文館）、それによると平安中期から室町時代までの約四百年の間、およそ二十度の式年遷宮はこの制度によって造営費が調達されたといわれる。

これは神郡とか神戸とかいう限られた範囲に財源をもとめていた時代からみるとまことに画

期的な変革である。「諸国遍満の経営」ということは、同時に、大御神のご神威が諸国に遍満することでもある。まして造宮使から大使小使を諸国に派遣してその徴収にあたらせたということが、ご遷宮の意義の徹底ということにもなったはずである。

役夫工米の賦課された当初、皇大神宮と豊受大神宮にはそれぞれ六人の禰宜がおかれていたが、その下に権禰宜《ごんねぎ》が内宮七八人、外宮七一人もいた。こういう多数の神官たちが年中を通じて祭儀に奉仕するというものではない。国々に役夫工米を催促する使いがしきりに出されたことを考えると、それらの使者とこれらの多数の神官たちとの間にまったく関係がなかったとは考えられない。御師《おんし》の発生というものも、あるいはこの役夫工米制との関連を考えてよいのではなかろうか。以上は小島博士のきわめて謙虚な考察に従ったのであるが、おそらくそういうことにちがいなかろう。

それはともあれ、約四百年にわたってこの困難な調達が二十年ごとに実施されたその根本には、大神宮のご遷宮だけはどんなにしても奉仕しなければならないという不退転の信念が当路の人々にあったからこそである。皇室はもとよりのことであるが、公卿といわず将軍家といわず政治の衝にあたった人々がこのご遷宮を「天下第一の大事」としたからこそ、律令制崩壊の時勢にありながらも二十年一度のご遷宮は護持されてきたのであり、かえりみてまことに感慨ふかいものがある。

しかし、年表を繰ってみるとさすがに正規の二十年というわけにはゆかなかった時もある。第四十回皇大神宮正遷宮については、文安二年（一四四五）に造宮使が任命されたけれども経費難のために工事が進まず、そのうちに豊受大神宮のご遷宮を奉仕すべき時期もせまってきて、ついに両宮の造営費を一時にととのえなければならない事態になった。そういうことで造宮使の更迭まで行われ、後花園天皇（在位一四二八〜六四）をはじめ、将軍足利義政（在位一四五三〜七三）以下の当路も、神宮の禰宜たちも、その間まことに筆舌につくしようのない苦悩と焦慮をつづけた結果、ようやく皇大神宮では三一年目にあたる寛正三年（一四六二）に奉仕することができたのである。当時の皇大神宮禰宜荒木田氏経《つね》（一四〇二〜八七）神主が書きのこされたくわしい記録は、まことに焦心痛切の文字にみちみちていて、これをひもとくたびに胸せまるものがある。

当時の幕府が窮迫した財政難のもとで何とかして大神宮のご遷宮費を、と苦心した一端について、小島博士は遣明貿易船団の中に伊勢法楽舎船が二隻あることに注目され、これこそ当時の関係者がくわだてた異例の造営料調達方法であったと論じておられる（前掲書）。法楽舎というのは京都の醍醐寺につらなる大神宮法楽寺（度会郡棚橋）が内宮と外宮の宮域の外に建てた祈禱所である。密教の儀礼によって大神にご祈禱をささげるようなことが、神域の中ではゆるされるはずはないから、宮域にほど近い町なかに法楽舎というものを設け、ここで行事を執行したのである。

室町幕府の公営の貿易船の中にこの法楽舎の名をもった船を加えたのは宝徳三年（一四五一）のことであったが、この貿易は明国の事情によって失敗に終わったため、結果としては造営費に寄与することができなかったけれども、関係者がそこまで手を尽くしたということは、これまた深く記憶にとどめなくてはなるまい。

新城常三氏のご研究によると足利義満（在位一三六八―九四）以来四代の将軍は通算三三回も参宮をしている。それほどの篤いこころざしがあったからこそ、役夫工米が困難となれば勘合貿易によってでも、ご神慮にそいたてまつろうという企てがおこされたのであった。しかしやがて世は戦国乱離の時代へとはいってきた。

乱世の異例

皇大神宮のご遷宮は寛正度のあとは延引に延引をかさねてついに一二三年たった天正十三年（一五八五）までできなかった。豊受大神宮においても永享六年（一四三四）のつぎは一二九年をへだてた永禄六年（一五六三）にようやく第四十一回のご遷宮が行われるという状態であった。その間は両宮ともに仮殿を造っていわゆる仮殿遷宮を奉仕したのであるが、神官たちの自力で造営することであるからどんなに苦心しても大したことができるはずはない。のきは落ち柱はかたむくお仮殿を仰いでは「神慮はかりがたし」とひれ伏した神主たちのなげきは、これまた神宮史における最も悲痛の記録であるばかりでなく、わが国民にとってもっとも不幸な世であったとしなければなるまい。

こういう世態においては異常なことがおこりがちであるが、神宮の場合も例外でなかった。かの風宮橋や宇治大橋造替のために奔走した勧進聖の出現がそれである。永正十年（一五一三）正月に内宮法楽舎の護摩堂が炎上したとき、ここは天下太平のご祈禱所であるという理由によってその復興費を天下に募財したが、その勧進にしたがったのは勲阿法師以下のいわゆる勧進聖であった。このときは皇大神宮禰宜十人の連署した庁宣を与えて彼らの募財活動を全面的に支援したといわれる（前掲小島鉦作氏著書）。

慶光院清順上人もこうした勧進聖の一人である。清順尼は両宮ともにながいあいだ仮殿遷宮ばかりで正遷宮が斎行されていないことを恐れ多いとして、両宮の禰宜に勧進の許可をこもごも嘆願した。皇大神宮の禰宜たちはこの異例の申し入れにおどろき協議をしたけれども、それぱかりはと上人の申し入れを拒否してしまった。外宮の禰宜たちも同じように、神宮のおんことは天下の大事であるから尼上人に造営費の募財をまかせることはできないと、一度はことわった。しかし、ついには上人の熱意にうごかされて上奏の手続きをとることにした。

正親町天皇（在位一五六〇〜八六）がご即位式の資金の中から黄金二万疋をご奉納あそばされたのはこのときである。その思召しに感激した清順の勧進にはさらに情熱がこめられたにちがいない。こうして永禄六年の外宮正遷宮はめでたく奉仕された。何もかもが異例の中にあっても、庶民の寄進が遷宮の資金に加えられたのはこの時がはじめてのことであろう。

慶光院第四世周養が清順の志をついで皇大神宮ご造営費勧募のことを申し出たのはその三年後のことである。天皇は三百疋を下賜され、さらに上人号をたまわった。ついで勅許の綸旨をいただいた上人は遠く九州四国方面までもと勧進の歩をすすめたようである。その間にも外宮の正遷宮を奉仕すべき式年がめぐってくることになり、事態はいよいよむずかしくなる。周養が織田信長（一五三四〜八二）を安土城に訪れたのはそうしたときであった。周養上人の依頼額は、さしあたり千貫ほどもあれば、と遠慮がちであったが、信長は熱田のお宮の御門と塀を寄進したときの経費とくらべあわせて、とりあえず三千貫を寄進しようと申しでた。足りないときは信長の威令のとどくかぎりの諸大名に申しつけようとも約束した。天正十年のことである。薩摩の島津義久（一五三三〜一六一一）が「隣邦の防戦、累歳休息なく」という戦費多端の折からにもかかわらず「微塵ながら銀千両余を奉加します」と申しでたのもこの時であった。

豊臣秀吉も信長の遺志をついで銭一万貫金子五百枚を寄進した。こうして天正十三年第四一回目の両宮の正遷宮が同じ年に行われたのである。

やがて徳川氏の天下一統となり幕府は式年遷宮のたびごとに三万石をたてまつってきたので、そののちはかたく二十年の式年がまもられて明治にいたった。明治以降のことは前にのべたとおりである。

民族のめざめ

昭和十六年（一九四一）、ときの帝国議会は第五九回（昭和二四年度）の式年遷宮費一、九九〇万円を決定した。ただちに山口祭が行われ、木曽のご料林からご用材の伐り出しがはじまったが、昭和二十年にいたってあのような悲しい敗戦に遭遇してしまった。十二月十四日、式年ご造営中止のご沙汰《さた》が、幣原《しではら》内閣から公表された。

神道をもって超国家主義のよりどころと解釈した占領軍が、いわゆる神道指令を出したのはその翌日である。造神宮使庁は廃止ときまり、その用意したご用材は内務省所管の神宮司庁に移管されたが、工事をつづけることはできなかった。

昭和二四年宇治橋の架け替えがさけられない状態になったので、占領下ながらも募財を開始した。敗戦にうちのめされて、神も仏もあるものかといった虚脱からようやく立ちあがろうとしていた人々は、魂のよりどころは伊勢にあったかと、眼を覚ました思いで浄財を奉献した。

それに力を得て宇治橋渡始式のあと、ただちに第五九回式年遷宮奉賛会が全国的に組織された。早くても昭和三十年まではかかるという予想に反して、七億二千余万円の資金が六五六万余人の「目を覚ました日本人」から寄せられたため、予定をくりあげて昭和二八年十月二日皇大神宮、同月五日豊受大神宮の正遷宮が二四年目に斎行されたのである。

以来、昭和四八年、平成五年と、いずれも畏き思召しのもと、各界各層の人々のま心こもる寄進と奉仕とによって滞りなく斎行され、平成九年には早くも木曽と裏木曽とで斧入れの式が行われた由である。

二　民の祈り

私幣禁断

神宮に幣帛《へいはく》をお供えすることができるのは、律令制によると天皇ご一人にかぎられていた。皇后や皇太子といえども勅許を経ないでお供えすることは禁じられていたのである。このことは説明するまでもなく、天皇こそ神宮祭儀のご主宰者であらせられ、そのお資格は何びとも犯すことのできないものであることにもとづいていると思われる。三后や皇太子などから幣物がささげられた場合にはこれをご正殿や宝殿には奉納しないで外幣殿《げへいでん》に納める規定がつくられたのも、そういう本義をみださないためと考えられる。

しかし、役夫工米制などによって大神の神徳が国内のひろい階層から仰がれるようになるとともに、一方では貴族のほかに武家勢力の勃興があるなど社会構造にも変化があり、大神の神威をこうむろうとする新しい階層もうまれてきた。

その反面に、これまでの神郡や神戸《かんべ》もつぎつぎと荘園化してしまうので、これをあてにしていては神事のご料にもこと欠くしまつとなり、神宮でも一般の社寺の荘園にあたるご料の供給源を必要としてきた。そのためには、神領の寄進者が現われなくてはならない。

なかには他の押暴をまぬかれるために、やんごとない神威にすがろうとした者もあったかもしれないが、たとえば那須与一宗高が「永く恩頼《みたまのふゆ》のかたじけなさを表わし、なお子孫の繁栄を祈らんがために」と、下野国の那須領において柴山と金丸の両地を寄進した(元暦二・二・二〇)ように、神恩報謝と一門の繁栄祈願などのこころざしをもって寄進した豪族や国司なども決して少なくなかった。これが御厨《みくりや》、御薗《みその》とよばれる神領である。この両者のちがいはというと、規模の大小によるといってよかろう。

御料干鯛調製所(愛知県南知多町篠島)

鎌倉中期にできた『神鳳鈔』には当時の神封《じんぽう》すなわち、御厨、御薗、神田、名田などが列挙されているが、その所在はおよそ日本全土にわたり、総数は千三百四十か所をかぞえる。これらの神領は鎌倉末期から戦国時代にかけての動乱の世にほとんどその実を失い、天文五年(一五三六)の記録によると全国を通じてわずかに五五か所になってしまったというが、中には近世を通じてご料の奉納をつづけた村もないではない。

たとえば志摩国答志郡篠島御厨《しのじまみくりや》(いまの愛知県南知多町)のように、今日まで数百年の伝統をまもって由貴《ゆき》のご料である干鯛を調進しているめずらしい例もある。もっとも近代になると時価をもって神宮が購入することになったけれども、いろいろの条件を克服して所定の規格と数量を祭りの期日までにととのえ、神宮が設けた御料干鯛調製所のある中手島の管理などの奉仕をつづけているのは、やはり島民のあいだに大神宮神領民という誇りが生きているしるしであろう。

ともあれ、私幣は禁制であるから、そういう神領の寄進、それにともなう祈禱、いろいろの金品の献進など、願主が直接に神前にささげるわけにはゆかない。そこで主として多くの権禰宜たちが彼らの崇敬の志を大神のみ前にとりつぐことになるのである。これが口入《くにゅう》神主といわれる者で、彼らはまた一面では御師《おんし》でもあったわけである。

上は皇室からいわゆる権門勢家、あるいは守護地頭などにいたるまでのおもだった階層のものが親子代々、縁故の御師をたのんで奉賽し祈禱をたのみ入れれば、御師は私邸でご祈禱を行ってこれを大神におとりつぎ申しあげる。当時の祈禱というのはお祓いの祝詞《のりと》をとなえることが主であり、これを千度あるいは万度と数多くとなえ、そのしるしとして祓いの麻《ぬさ》を箱に納めて送りとどける。これが千度祓とか万度祓の大麻《おおぬさ》で、願主は神棚を設けてこれに拝礼をささげることになるのである。御師とは仏教で御師僧とよぶ類いであって御祈師の略語ではない。

こうして平安末期からしだいに御師を通じて国民の広い階層の祈りが大神にとどけられることになるが、その間には例の勧進聖たちの活躍もまたみおとしてはなるまい。

御師と大衆

近世の神宮の歴史は御師《おんし》をぬきにしては成立しないといっても決して過言ではあるまい。上は禁裡《きんり》御師をつとめる皇大神宮禰宜藤波神主、豊受大神宮禰宜の檜垣神主をはじめとして、公儀の御師山本大夫（内宮）春木大夫（外宮）というように、諸大名や旗本はもとよりのこと、地方の寺院庄屋百姓町人と、前代よりもさらに広い階層にわたる人々がそれぞれ特定の御師とつながりをもつようになった。御師のはばも広くなって内宮外宮あるいは別宮に籍をもつ禰宜、権禰宜、物忌父、副物忌父、内人などの神主あるいは神人層がほとんどを占めているが、そのほかにも宇治や山田の自治体の長老である年寄衆とか三方家に席をつらねるものにも御師をかねる者がいた。その最盛時には宇治と山田をあわせて七百軒とも八百軒ともいわれている。

御師と檀家のいわゆる師檀関係は家ごと村ごとに子々孫々うけつがれてゆるがない緊密な間柄になり、それは徳川家康（一五四二―一六一六）以来歴代の公儀もみとめる一つの制度となっていた。

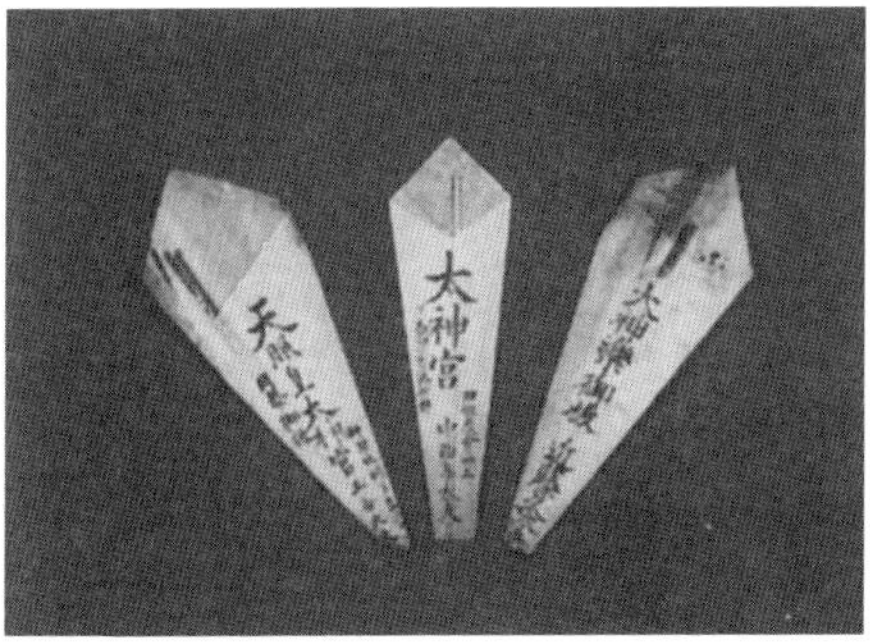

御師が配布した大神宮のおはらいさん

これらの御師はそれぞれ多くの手代（代官）を毎年その檀家のある地方へ派遣したり、ときには自分でも出かけてゆく。彼らは伊勢の大夫《たゆう》さんとして大切にもてなされ、お伊勢宿ときめられた家に滞在し、祭壇を設けてご祈禱を行ったりお祓《はら》い大麻《おおぬさ》を授与したりした。

村々ではお伊勢講、神明講、参宮講などの名で結社をつくって定例の祭りをしたり、あるいは神明社を勧請したり大神宮灯籠を建てるなどもした。そうして年々に伊勢に代参を立て、時には総参りをしたりする。

御師の沢瀉大夫邸（現在は取り払われた）

こういう参宮道者《どうじゃ》が伊勢に着くと、御師は宮川あたりまで案内人を出してその邸にむかえ、両宮の参拝をはじめ二見浦や朝熊岳、天の岩戸などへと案内する。数万という檀家をもつほどの大きい御師となると邸内には神楽殿《かぐらでん》がある。大ぜいの神楽方をやとってお神楽を奏するのであるが、それには太々神楽、太神楽、小神楽などの区別があり、「太々を打つ」ということは参宮人にとっては最善を尽くしたというう満足をもたらす、まことに心はなやぐ行事であった。

それらの情景は、たとえば井原西鶴（一六四二―一九三）の『織留』や『世間胸算用』などに活写されているからここには省略するけれども、閉ざされた社会から開放されてはるばると伊勢参りの旅に出ることだけでも心のひらくことである上に、こうした御師たちのあたたかい歓待はどれほど心ゆくことであったか、想像にあまりあるといえよう。

いかめしい神宮というイメージのさらさらない、このような近世の参宮情緒がどこから生まれてきたものか。これは決して肩ひじいからせた学説などから出たものではないことだけはたしかであろう。あるいは伊勢の大夫さんの話を聞き伝えに聞いて眼をひらいたことであろうし、大夫さんから土産にもらったお伊勢ごよみ、青のり、白粉などを機縁にはるかな神都を夢みたことでもあろう。それにもまして、年々くばられるお祓《はら》いさん（御祓大麻《おはらいおおぬさ》）を神だなにおまつりして、朝な朝なかしわ手を打っておがむうちに、自然にこの大神の宮へのあこがれをつよめたことにちがいない。

伊勢へ行きたい　伊勢路がみたい
　せめて一生に一度でも
わしが国さは伊勢路が遠い
　お伊勢恋しや参りたや
（伊勢音頭）

こうして現代の出国手続きよりもはるかにめんどうな出村手続きをして、そのつもりつもった情緒を吐露したものであろう。

ところが、明治政府はこの民衆の情緒をスムーズに発現させていたパイプをポキンと断ちきってしまった。御師制度の廃止である。ご神徳を切り売りして私生活の糧《かて》としたといえば、なるほど軽からぬ罪ではある。しかし、三百年を通じて封建制下の大衆をその枠《わく》の外のお伊勢さんに直結し、結果的には近代国家成立への素地をそだててきたと考えるならば、むしろ、その功をねぎらうべきかもしれない。

ともあれ、明治四年（一八七一）に師職制度は廃止され、私邸における太々神楽もご祈禱も、お祓大麻や暦の配布もすべては禁止された。それと同時に、神域内の物忌の斎館が内宮天照皇大神宮御神楽所大子良殿と称して御師まがいの神楽やご祈禱をしたりお祓大麻を授与していたのも撤却された。

神楽殿と大麻の頒布

神域にはいって第二鳥居をくぐると、内宮では参道の左に、外宮では右側に、入母屋造り檜皮葺《ひわだ》きの大きい建物が四辺を圧してそびえている。この中世風の唐門をかまえた宏壮なご殿はおよそ神宮のイメージとは調和しかねるようにみえるが、あえてこういう様式がとられたのは、これが御師の館の神楽殿にかわる施設だからである。

内宮では明治五年に早くも内宮祈禱所と大麻授与所ができ、外宮では同八年に同じものが設置された。そして同二四年には祈禱所を神楽殿と改称し、二五年には現在の内宮神楽殿と大麻授与所が新築された。外宮では一年おくれて二六年の暮に新築竣功をみた。その後、建て増しや改造などを加えたが、こうして御師たちがはたした役わりの一部は、神宮自体の機構の中にひきつがれたのである。

全国の檀家に配布されたお祓いさんはというと、これも明治五年に神宮司庁で大麻暦製造局を創設してただちに奉製にかかった。太政官は各府県庁へ布達して、皇大神宮大麻が神宮司庁から府県へ頒布《はんぷ》されるが、これは諸社の配札とちがうものである。「海内一般の人民へ例年拝受いたさせるべき御趣意」であるから「人民きそいて拝受尊信候よう」とりはからえ、と命じた。

しかし政府事業として府県の役人が取扱うとなるとどうも押しつけがましくなる。そこで明治十一年、信教自由論抬頭の折からでもあり、強権頒布と誤解されやすい方法をやめて民間委託にきりかえることになる。これが今日もつづいている神宮大麻と暦の頒布である。およそ一千万近い家庭がその神棚にこの神宮の「みしるし」をお祭りして新年を迎えているのが現状である。

こうして域内にある神楽殿と授与所、それに全国の神社を通じての大麻《おおぬさ》と暦の頒布は数百年来の伝統をうけて、国民大衆の「お伊勢さん」へよせるあこがれを満たす役目を一応はたしているのであるが、急激に変容しつつある人ごころに応答するためには、はたして現状で満足してよいかどうか。それは大きな課題であろう。

神明社のこと

近世の村々に一万度祓の大麻《おおぬさ》をまつって万度社とあがめたり、あるいはさらに神明社として奉祀した例は、御師の活動ときりはなしては考えられないが、それにしても約一万八千を数えるほどの神明社が全国のいたるところにお祭りされたのは、それだけ人々がお伊勢さまをきわめて身近に仰いだしるしである。

しかし、こういうことは近世に始まるものではない。室町時代の内宮禰宜が

その在所、神領となるの時、符をつくり、別宮をもって勧請し奉るは古今の通法なり

(『氏経引付』永享一〇・一二)

といったように、神戸とか御厨などの神領に神明社を創建する例は少なくなかった。

前にもちょっとふれた篠島などにも外宮の土宮を勧請した神明社があるが、さらに古くは、たとえば信州の仁科《にしな》神明宮(長野県大町市大字社)もその一つである。一志茂樹博士によると仁科御厨の創設は十一世紀をくだるまいといわれるほど御厨としては初期に属する一つで、『神鳳

仁科神明宮

鈔』によるとここは内宮の神領である。その広さは四十町歩（いまの面積にして約四〇ヘクタル）、たてまつるものは麻布十反ときめられていた。仁科神明宮はこの御厨鎮護のために建立され神社で、伊勢にならって二月九日（往時の神宮の祈年祭当日）には「作《さく》始め」の春祭を、六月・九月・十二月の十六日には夜半から未明にかけて「御戸《みと》ひらきの祭」を行い、さらに、二十年ごとの式年遷宮まで行ってきたといわれ、永和二年（一三七六）以来の二十年ごとの棟札が重文に指定されている。本殿は神明造の原形を濃厚に保存するものとして国宝になっている。

御厨よりやや古い形態の神領に新神戸とよばれるものがあった。たとえば遠江国五十戸の新神戸はその一つで、ここは天慶四年（九四一）に十烟をもって始まった神戸の発展したものと考えられている。『神鳳鈔』に浜名神戸とあるのがそれで、神宮の三度の御祭《ごさい》には神酒、絹、木綿、種薑（たねしょうが）藺《い》畳、蒲《がま》のしき物などを貢納した。いま静岡県引佐郡三ヶ日町に鎮座される浜名惣社神明宮は、倭姫命が大神を奉じて四十余日ご滞在になったという縁起をもっているが、おそらくはこの神領の守護神としていつの世にか創祀された、いわゆる御厨神明の一つであろうといわれる。そのご本殿は外宮の御饌殿《みけでん》の構造とおなじく井楼《せいろう》造りの様式をいまに伝えていることでも有名である。

大神宮神領の神民という誇りに生きた村びとたちは、このように伊勢に遠く隔たっていても、「お伊勢さま」はいつも手のとどく所におわしますという安心の上に生きてきたのである。

そのもっとも古いところが「大神の遥宮《とおのみや》」といわれた二所の別宮である。

滝原宮（右）滝原並宮（左）

大神の遥宮

皇大神宮別宮の滝原宮は滝原並宮《ならびのみや》とともに度会郡大宮町滝原に鎮座している。ここは宮川の上流約四十キロ、大台が原の裾が東北にのびてきたその先端に位置し、平安時代のむかしは伊勢と志摩の国境いとされたところである。台地の中にそこだけが鬱蒼とした森を形成して昼も小暗いほどである。四四ヘクの宮域はまるで内宮神域のひな型のようだといわれるが、ムササビがとびかい、大杉の根もとに一人静が可憐な花をもたげている参道のおもむきは格別である。

『延喜式』にはこの両宮ともに「大神の遥宮」すなわち

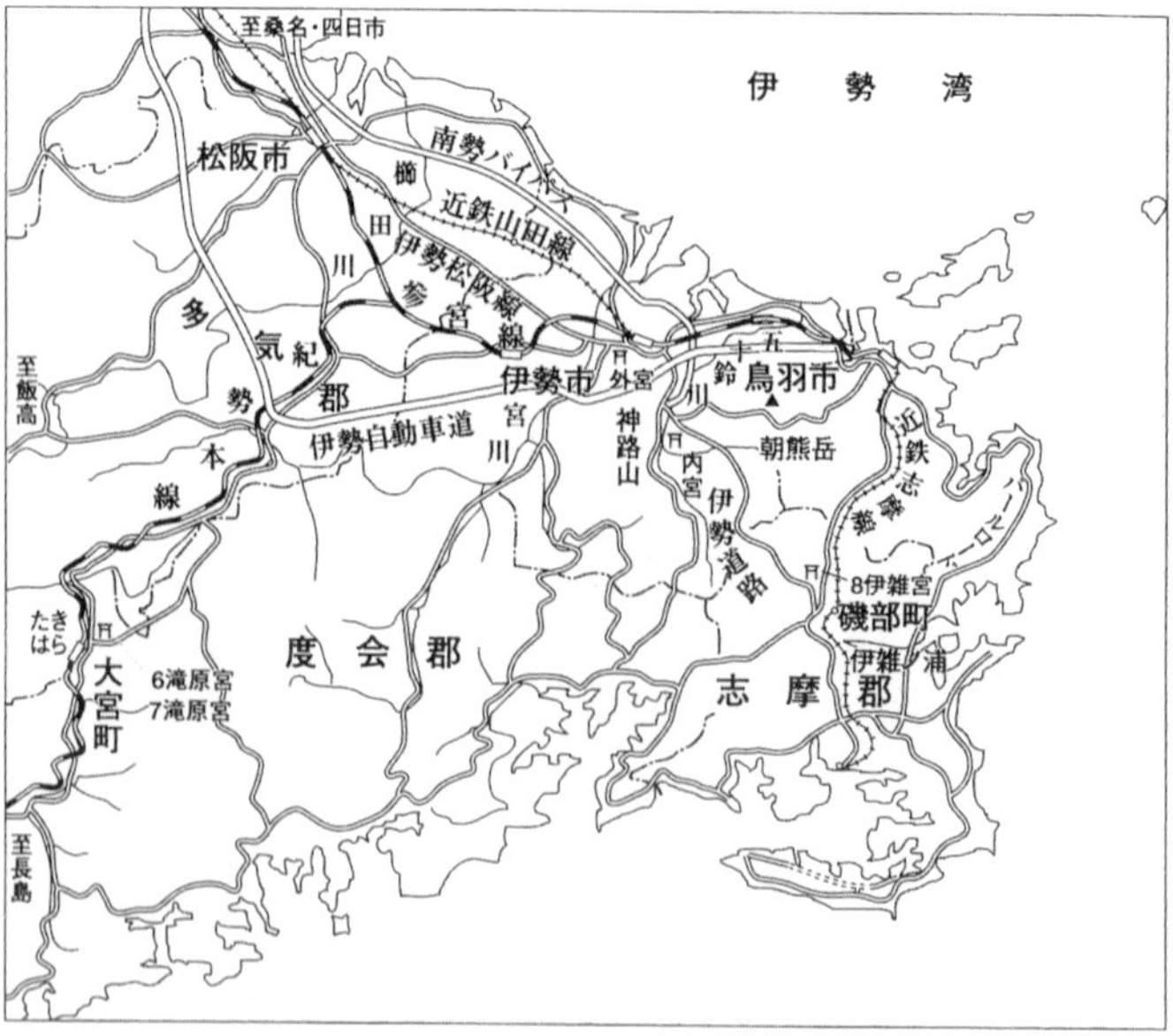

大神の遥宮

図中の数字は巻末の別宮・摂社一覧を参照されたい。

遠隔の宮という説明がつけられていて、そのほかの祭神名は記されていない。したがっていまもご祭神名は天照大御神の御魂と申しあげている。

この遥宮《とおのみや》の起源については『倭姫命世記』の説もあるけれども、先学阪本広太郎氏（もと神宮禰宜）が、薗田守夏神主（元禄時代）の考えを妥当とされたことは注目される。それはもともと志摩の南島地方にある神戸《かんべ》の民が国堺をこえたばかりの地にあるこの滝原の宮まできて大神の宮を遥祭したことから始まったものであろうというのである。いわば御厨神明の先例をなすものではないかと、阪本禰宜は考えられたのである。

その考えかたは、つぎにあげる伊雑宮にはさらによく適合するように思われる。

それは志摩郡磯部町にご鎮座の皇大神宮別宮伊雑宮《いざわのみや》のことである。やはり『延喜式』には「大神の遥宮」とあり、ご祭神名は滝原宮と同じく天照大御神の御魂《みたま》と申しあげる。

この地には古くから伊雑神戸《いざわのかんべ》がおかれていた。「正倉院文書」神亀六年（七二九）の『志摩国輪庸帳』によると、そこに大神宮の神戸がすでにおかれていたことが明らかであるが、これは何よりも志摩が神嘗祭をはじめとする年中諸祭の御贄《みにえ》の供給源であったからにちがいない。その中心が伊雑浦《いぞうのうら》とよばれる入江であり、伊雑宮はまさにその要所にご鎮座になっているのである。神名帳に「伊射波《いざわ》の神の社二座、並びに大」とあるのがこの伊雑宮にほかならないことは、『伊勢神宮の祖型と展開』所収の拙文にも論じたことだからここには省略するが、ともあれこの宮が志摩一国の大社であったことは明らかで、その宮がまたおのずから大神宮遥祀の場とされたこともうなずかれる。

しかし延喜の『大神宮式』が編さんされた時代には滝原宮も伊雑宮もすでに遥祀の場ではない。明らかに皇大神宮の別宮の列に加えられ、祈年祭にも神嘗祭にも、また滝原宮だけは二季の月次祭にも、本宮の禰宜が参向して朝幣をささげたのである。のちには伊雑宮にも滝原並宮にも月次祭奉幣が行われるようになり、今日でもその当日は御祭《ごさい》とか夏祭りとして地方の人々の参詣する日となっている。

ことに伊雑宮六月月次祭の由貴《ゆき》の夕の大御饌の儀が行われる二四日には、むかしながらの多彩な芸能をともなうお田植え祭があり、志摩一国をはじめ遠近の参拝人でにぎやかである。

尾上御陵（伊勢市倭町）
むかしから倭姫命のお墓と伝える前方後円墳であって，宮内庁では宇治山田陵墓参考地と称している。

このようにみてくると、天皇の祭り給うところとしてご鎮座になった伊勢の大神の宮も、はやくからそれぞれの神縁によって、あるいは遥宮として、あるいは神戸や御厨の神明宮として、その地その地の民衆によって奉祀されたことがわかる。そしてついには明治になると遠く太平洋を越えたオアフ島にまで大神宮が迎えられるのである。

言はまくは　かしこかれども　恋ひしみて
おがみぞまつる　伊勢の神宮《かんみや》　窪田空穂

倭姫宮の創建

さて、皇大神宮の別宮荒祭宮以下九所についてはこれまでに折にふれて述べるところがあったが、のこる一所、倭姫宮について略述しておかなければなるまい。このお宮は神宮所管の宮社の中でももっとも新しく、大正十二年（一九二三）のご鎮座である。

皇大神宮ご鎮座の伝承の項で述べたように、倭姫命は垂仁天皇の皇女であられたが、皇大御神の御《み》杖代《つえしろ》として大和の国をご出発になり、諸国をご巡歴ののちこの伊勢の地に大神の宮をご創祀になられたお方として仰がれ給うた。中世には有名な『倭姫命世記』という書もつくられたほどである。

明治二十年（一八八七）ごろからこの倭姫命をおまつりする神社創建の希望が有志のあいだにおこり始めたが、大正にはいってからは期成会もつくられ、宇治山田市長が先頭にたって国会に請願運動をおこし、ついに実が結んだのがこの別宮ご創建であった。明治初年には鎌倉宮、井伊谷宮など皇族をまつる官幣中社が創建されたが、そのような国史回想のきわまるところとして遠く神宮ご鎮座の古代に想いをはせてこの姫神の奉斎が実現したばかりでなく、それが皇大神宮別宮の一所とされたことは神宮史上に特筆すべき異例のことであった。

そのご鎮座地は外宮と内宮のほぼ中ほど、神宮徴古館農業館、神宮美術館、神宮文庫、皇學館大学などの文教施設でおおわれた倉田山丘陵の一角である。ここが選ばれたのは附近に尾上《おべ》の御陵《みささぎ》伝承地があるからにほかならない。すなわち倭姫命のお墓と伝える古墳が宮域の北方数百《メートル》のところにおまつりされているのである。伊勢の人々がどんなに早くからこの内親王のお徳を追慕していたかが察しられる。そういう世々のおもいの結実として考えるとき、このお宮にひれふす情はひとしおである。

二　神仕えの人々

荒木田神主

維新前の神宮奉仕の人々は、周知のように内宮は荒木田《あらきだ》氏、外宮は度会《わたらい》氏を中心とする、長いあいだの世襲制であった。度会氏のことについては本書のはじめのほうでもふれたことであるから、ここでは荒木田氏について考えてみよう。

延喜七年（九〇七）に禰宜荒木田茎貞以下十一人の氏人が連署して中央の神祇官に差し出したといわれる系譜『皇大神宮禰宜譜図《ふと》帳』によると、その遠祖は国摩大鹿嶋命に発するという。例の『皇大神宮儀式帳』のご鎮座伝承にでてくる五柱の命の一人、中臣連《なかとみのむらじ》の祖大鹿嶋命がそれで、自分たちは大御神のお伴をして中央からくだってきた、中臣氏と同系の祖先をもつものだという主張である。この延喜のころにはすでに、在地勢力の磯部氏や度会氏などとは血統のちがった中央貴種の末孫なのだという意識が確立していたことを示すものともいえよう。

そこでしばらく『譜図帳』にしたがってその系図をみることにしよう。

系図Ⅰ

大鹿嶋命―大狭山命―天見通命―天布由多岐命―大貫連伊己呂比命―大阿礼命―波己利命

この大貫連《おおぬきのむらじ》については、度会郡度会町大字大野木に比定し、このあたりに本拠をかまえたように考えるむきもあるが、近世まで灌漑用水にも不自由をした丘陵畑作地帯のこの村の地勢を見ると、いささかうなずきかねる。それくらいならばむしろ沼木《ぬき》郷に縁を求めた方がよかろう。しかし、そのヌキがどこであるにせよ。この伊勢の地にあって一代だけ連《むらじ》という高い地位の姓《かばね》をもったということがまことに奇異に思われる。この系図Ⅰでは七世紀すべて何某ミコトとなっていることが注目される。そのあとの世代からは普通の人名になるので図を分けてみた。

系図Ⅱ

最上—佐波—葛木—己波賀祢—牟賀手—酒目—押刀—赤冠薬—赤冠刀良—赤冠黒人—広刀自女

この中にある赤冠というのは聖徳太子の定められた冠位十二階の中の赤色の冠というのであるから、大徳または小徳の位に相当することを示したつもりであろうが、むろん正史にはこういう人名は出てこない。ともあれ、ここまでは父子相続という形である。

系図Ⅲ

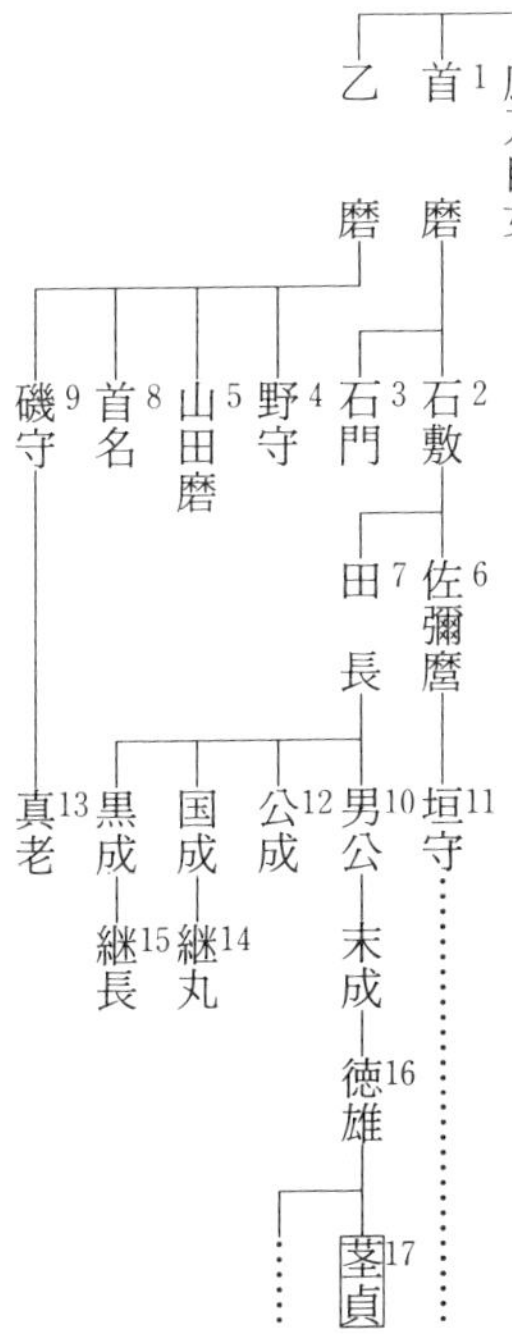

前頁の系図のようにここまでくると、8首名の名がまず『続日本紀』にみえ、天平勝宝元年（七四九）に外従五位下に叙されている。

1首麿の名はおくれて『三代実録』元慶三年（八七九）の条にはじめてみえる。

伊勢の国度会の郡の大神の宮の氏人神主は荒木田の三字を姓とす。

大神の氏人に三神主の姓あり。荒木田神主、根木神主、度会神主これなり。

進大肆荒木田神主首麿よりのち、荒木田の三字を脱漏せり。いま首麿の裔孫、官に向かいて披訴す。故に、旧によりてこれを加う。

解文の要点たけを拾ってつづりあわせたような文章ではあるが、大神の宮の氏人とか、大神の氏人とかいわれていた三姓のあったことはよくわかる。そして当時の三姓の序列もこれではっきりしている。

そこで進大肆首麿であるが、その位階から考えた先学の説にしたがって、これをかりに天武朝前後ほど遠くない時代の人とすると、元慶まで約二百年のあいだは、荒木田の姓を〝脱漏〟していたというのである。これに信をおくとすれば、延暦の『儀式帳』に「禰宜大初位上荒木田神主公成」とある署名には、後代の手が加えられているということになるが、どうであろうか。

それにしても、一氏族にとってもっとも大切な姓《かばね》を二百年も〝脱漏〟していたというのは不可解である。あるいはこの時代になってはじめて荒木田の姓を公認されたのかもしれない。

前にもいったように、磯部氏がはじめて渡相《わたらい》神主の姓《かばね》をたまわったのは和銅四年（七一一）だということは、『続日本紀』によって明らかである。すると、それ以前はたぶん一族が主張するとおり、彼ら一族の長上が国造となり、大化以後には郡領ともなって祭政の一切をあずかっていたものであろう。したがってこれとならぶほどの神主はあるはずもなかったであろう。祭儀のときにはイソベ一族の者たちがこぞって所役を分担して奉仕したであろうし、平素のご守護にも任じたことであろう。このことは奈良平安の状況からさかのぼっておよその推測ができるというものである。

しかし、やがて度会氏も祭祀の専門職となる時代がきた。それが、よくいわれるように、度会氏の勢力削減をはかるためのものであったのか、それとも神祇奉仕の斎戒が時代とともにいよいよきびしく要請されてきたために、世俗の政務と祭儀とをそれぞれの専門職に分担させることになったのであるか、にわかにはきめられない。いずれにしても、前記の和銅四年というのは、そういう時期を考える一つの目安と思われる。

そこで系図IIIにもどると、これはいわゆる父子関係ではなくて、一族の年長者が順次その職をついでいった形跡をものがたっている。いわば長老制といってよい。そういうところから、このあたりの系譜はきわめてくわしい伝承によったと考えられている。

それでは系図IIやIはたんなる虚構かというと、そんなものではなくて、やはり一族の語り伝えたところを文字に記したものにちがいないが、その世代の氏の上の名だけが語りつがれたために、父子相続のように表記せざるを得なかったものと思われる。

さてその大神宮氏人の居住地であるが、度会神主は古来のままに「外《と》つ宮の度相」の中心である高倉山の麓一帯にそのまま居住して日日の祭儀を奉仕したことは繰り返すまでもない。

根木神主については前掲の『三代実録』の記事のほかにはさっぱり出てこないので問題の外におくほかはない。

荒木田系統の氏族はどこにいたか。後世風の常識によると神主はその奉仕するお宮の近傍に居住するのが当然のように思われるけれども、少なくとも十一世紀の中頃までは宇治郷には住みついていないようである。

大神宮氏人の居住地

荒木田氏ではその氏神の社を二か所において祭っていた。

一つは度会郡湯田郷で、これを一門氏神社といい、いま一つは同郡田辺郷にあり、これを二門氏神社といった。これらの郷は二つともに内宮から遠く隔たったところ、宮川の西北の地域にある。その氏神社がいつごろから祭られたかは明らかでない。

前掲の系図Ⅲでいえば、6佐禰麿が一門の祖、7田長が二門の祖といわれる。この二人がそれぞれの門流の始祖と仰がれるほどの時代で、しかも門流意識が強調されるころになって二つの氏神社ははじめて成立したはずである。天延元年（九七三）に皇大神宮禰宜ははじめて二人となり、翌年には三人に、正暦五年（九九四）には四人に、寛弘三年（一〇〇六）にはさらに六人に増員された。これらの場合一門の系統からも二門の系統からも禰宜に任じられている。

荒木田二門の氏寺を田宮寺というが、これは長徳元年（九九五）に長官すなわち一座の禰宜に昇進した氏長神主の創建と伝える。これらの状況からみると、氏神社の成立はおよそ十世紀末から十一世紀の初頭と考えてよいであろう。

この氏寺の所在地は田辺郷の南隣の度会郡城田郷である（現・玉城町）。

そうしてみると、少なくとも平安時代の中ごろでは荒木田氏の本拠は城田、田辺、湯田の三郷にわたる地域がその中心であったとしなければならない。

『大神宮式』にあげられた皇大神宮の摂社の分布をみると、そのことはさらに裏づけられるであろう。

皇大神宮の摂社

別表（二三五頁以降）にかかげた別宮摂社一覧表でいうならば、11 12 20 21 23 24 26は五十鈴川沿岸地域の宇治郷に鎮座する摂社であり、25 27 28はその下流の二見郷のうちである。29だけが伊介郷で現在の鎮座地は二見町に属しているが、これは近世以来の社地で、もとは現在の鳥羽市域に属するところであった（伊介郷は『和名抄』当時は度会郡であるが、のち志摩国答志郡に入れられたからである）。

以上を第一のグループとすると、つぎには前掲の城田、田辺、湯田の三郷内の摂社群を第二のグループとしてよい。すなわち、14鴨神社、15田乃家《たのえ》神社（16は同じ社殿にまつる）、17蚊野神社（18は同殿）、22朽羅《くちら》神社、31久具都比売《くぐつひめ》神社、32奈良波良《ならはら》神社と、城田郷には実に六か所に八社の摂社が祭られている。

造宮使がご本宮や別宮と同時に二十年ごとのご造替を申しあげる摂社は六社あったが、そのうちの三社はこの城田郷の摂社（14 15 16）であるというのも、やはり荒木田神主の一族がそれらの社の氏人であったからではあるまいか。
15田乃家神社の所在は城田郷矢野村であるが、承暦二年（一〇七八）に一禰宜となった二門の氏範神主は矢野の官長ともよばれたと『禰宜補任次第』にある。おそらくこの村に居館を構えていたものにちがいあるまい。氏寺のあった田宮寺村はこの矢野村の隣りである。

二門氏神社のあった田辺郷には33棒原《すぎはら》神社と35坂手国生《さかてくなり》神社がある。古人の伝える

件《くだん》等の内人、大物忌の人ら居住のところの名を田辺《たぬい》郷という。これ、大神の御田耕作のことのもとなり。因ってもって田辺郷と名づく。（『神祇譜伝図記』）

という記述からすると、禰宜ばかりでなく内人や大物忌の父などもこの田辺郷に住みついて神田の耕作にしたがっていたことがわかる。日ごろ彼らの鎮守の神と仰いだ神社がこれらの式内社であろう。

19湯田《ゆた》神社、36狭田国生《さだくなり》神社は湯田郷に属している。一門氏神社は狭田国生神社の東南約二キロの小社《おごそ》村（いま玉城町）にあった。また『儀式帳』には皇大神宮神田のうちに荒木田一町というのがあるが、その荒木田はこの湯田郷にあったといわれる（現・小俣町）。

荒木田は新墾田《あらきだ》からきた姓であることは『万葉集』などのことばから明らかで、荒木田神主の所伝によると、新墾の田を神田として奉献した功によってその姓をたまわったともいう。

なお皇大神宮摂社は以上のほかにも宮川の東岸に二社ある。これは外宮と同じ沼木《ぬき》郷に属する地域で、そこには13園相《そない》神社（造宮使造替六社のうち）と30川原《かわら》神社が鎮座する。

御厨の問題につき公家に奏聞のため神人七百人をひきつれて入洛したといわれる二門の延満

神主は、寛徳二年（一〇四五）に一の禰宜に昇進した人であるが、彼は山幡《やまはた》大官長とよばれていた。山幡というのは沼木郷の宮川にのぞんだ地域にあった村の名である。川原神社の祭られている佐八町《そうち》は、むかしは沢地と表記された。一門には沢長官とよばれた利方禰宜（天暦九年〈九五五〉昇任）や沢村長官とよばれた宮常禰宜（天喜元年〈一〇五三〉昇任）もあり、こういう神主たちもこのあたりに居住したらしいといわれる。

このように十二世紀の始めごろまでは、外宮に近い沼木郷の一部とか、さらに宮川西北の城田郷、田辺郷、湯田郷などの地域に内宮神主の一族が住んでおり、そのことがこの地域の神社の多くを皇大神宮所摂の式内社とされる原因ともなったのであるが、やがてしだいに禰宜たちは内宮に近い所に居を移すようになってゆく。くわしいことはここでは省略するけれども、中世になるとすっかり宇治郷に定住し、一門二門の氏神の社も内宮に近いところに移祀されるのである。

そういうことから摂社の多くがいつしか廃絶し、近世の初め、寛文年間（一六六一—七二）になって大宮司河辺精長以下がこれを再興することにもなったのであるが、このことから考えても、かつての式内社と荒木田一族との深い関係が考えられるというものである。

十九頁の図は両宮の別宮と摂社、それに神服部、神麻続部の氏族以来の由緒をもつ機殿、土師《は》器《じのうつわ》作物忌の伝統をうけついでいる土器調製所、あるいはまた、二見の御《み》塩浜（塩田）などの位置図と、この地方の古墳分布図とをこころみに重ねてみたものである。

南伊勢地方の考古学的調査は北勢地方にくらべてもきわめておくれているので、くわしいことはすべて今後に期待しなければならないが、これまでのところでは図に示したような所見が公にされている。すなわち、大多数は古墳時代後期に属する円墳であり、それに少数の前方後円墳が散見される。

この分布図も古代の神仕えの人々の居住地を推察する手がかりの一つとなるかと考える。

かりに大化の改新からかぞえても明治までおよそ千二百年になるが、このあいだ

に大神の宮に奉仕した神主たちはおびただしい人数にのぼるであろう。その一人

神主の典型

一人が生涯をかけてひとすじの神仕えに生きたはずであるが、その無数の人々の中からここに

は比較的伝記のくわしい若干の神主を選び出してその人となりを述べることにしたい。

まず第一には外宮の禰宜度会行忠(一二三六—一三〇五)神主が思いうかべられる。亀山上皇(在位一二五九—七四)のご覧に供した『二所太神宮神名秘書』の所論は、いわゆる度会神道の五部書の説くところを受けているといわれるが、ただそれだけでなく、文永(一二七四)、弘安(一二八一)というわが国が直面した非常の年月をふくめて五二年間も禰宜として、年中の神事に、あるいは蒙古撃攘の祈禱に、精魂をささげた神主の信念と気魄が、ひしひしと読む者の胸を打つところにこの『秘書』の格別の意義があると思われる。

いま一つ行忠神主の晩年の著書に『古老口実伝』がある。こちらは一見したところでは当時の年中行事と斎戒禁忌の慣例をならべたもののようであるけれども、

古人伝えていう。その国主、その氏の長、歎きあらば、斎念してよろしく謹慎の誠をもっぱらにすべきなりと。

礼は国家の安危のかかわるところ。
礼みだるれば神明亡散したまう。
これを思い、これを思え。

というような文字をみると、この一巻によって神事と斎戒の規範を子孫にのこそうとした神主の想いが察しられる。

そして、ご鎮座の由来、祭神の神徳、所管の宮社などについて詳述した神名秘書と、この口実伝とをあわせたとき、これはまさに延暦の『儀式帳』にも匹敵する価値をもつものといってよい。十六歳をもって禰宜に任じられてこのかたの奉仕体験の上に築かれた老神主の信念と学殖とを凝縮したこの両書によって、行忠は永遠の光芒を放つ神主の一人といえよう。

こういう人を次の時代に求めると、檜垣常昌《つねよし》（一二六三―一三三九）神主と村松家行（一二五六―一三五一）神主であろう。ともに、いわゆる南北朝時代を生きた外宮禰宜度会氏である。

後醍醐天皇（在位一三一八―三九）が後鳥羽上皇このかたのご悲願を受けつがれて関東の政権を打倒し朝権をご回復あそばされようとのご決意は、おのずから伊勢に対する熱烈な御祈りとなったことはいうまでもない。

その容易ならぬ思召《おぼしめ》しをうけたまわってご祈禱に精誠をこらした神主の代表は、内宮の氏成長官、外宮の常昌長官にほかならない。

武家方の勢がすでに天下を風靡している時点において、このようなご祈禱を奉仕するには決死の覚悟を要することはいうまでもない。それをあえてはたしたのであるから、大神宮の禰宜としての本懐これに過ぎるものはなかったであろう。

はたして元徳二年（一三三〇）朝廷からは両長官にたいし、神宮禰宜としては空前の従三位をたまわって、その労を賞されたけれども、武家方からはたびたび常昌神主にたいして上洛せよとの院宣が送られてきた。常昌は一方では、破格の叙位に感奮していよいよご祈禱に懇誠をつくさんことをお誓い申しあげるとともに、武家方の召喚は黙殺しつづけた。

しかし元弘元年（一三三一）後醍醐天皇は畏くも吉野に入らせられた。翌二年師走の六日、常昌神主はついに意を決して、同じく召喚をうけていた甥の良尚禰宜をともない有滝の港（伊勢市有滝町）を舟出して鎌倉に向かった。時に神主は七十歳であった。

常昌神主を語るとき、忘れてならない人は天台の学僧慈遍（生没年未詳）である。例の『徒然草』をかいた兼好法師（一二八三〜一三五〇）は彼の弟であり、この両者の学殖には頭がさがるが、中でも慈遍は卜部氏の家がらにふさわしく神道の学にくわしかった。伊勢にあらわれた慈遍は南朝のおんために両宮に法楽をささげるのが目的であったという。常昌神主とは会うべくして会ったわけである。

常昌はその学徳に深く傾倒してみずからの家学をあますところなく慈遍に伝えた。『旧事本紀玄義』十巻をはじめとする八一巻の大著述は慈遍の労作にはちがいないが、それをうながしたのは常昌であった。

皇道のすたれんことを歎きて常昌卿しきりに神宣の趣をくわしく極わむべき由すすめはべ

りしかし、（天皇の）御願《ごがん》を祈り申さんために、とりわけて神道を撰《えら》び奉る。と、慈遍自身が後年その著作の中に回想している。

常昌は長官になってまもなく『文保服假令』（一三一八）を書いて禁忌斎戒の規範を示したが、元徳元年（一三二九）には度会氏の系図（いわゆる元徳奏覧度会系図）をまとめ、さらには慈遍著すところの『神懐論』三巻を天覧に供し、いままた元弘二年（一三三二）九月には『旧事本紀玄義』の序文を書いた。年来の蘊蓄はことごとく慈遍に伝えたとそこには記している。鎌倉にどのような事態が待ちうけていようとも、この老神主にはもはや思い残すことはなかったのかもしれない。

良尚神主は資財を没収されたが、常昌神主がどのような処分を受けたか。それは伝えられていない。わかっているのは彼が延元四年（一三三九）七七歳をもって歿した時のことである。外宮の別宮高宮《たかのみや》の坂道の中途からたちまち昇天したと伝えられ、その冠《かんむり》の纓《えい》の落ちたところに祠を立てて後人が祭ったのが飛社《とびのやしろ》である。のちに位置は変更されたが、今も毎年この社《やしろ》で神宮の神職が中心になって祭祀をつづけている。

常昌神主についで長官となった宮後《みやじり》朝棟神主は和歌の名手として知られ、その四首が南朝の准勅撰集である『新葉集』に採録されているところからして、彼もまた勤王の志篤い人であったにちがいないが、事蹟が伝わっていない。

その後をうけたのが村松家行長官である。その業績は文武両道にわたっていることで、歴代の神主の中においてもっとも著名であるからくわしくは述べる必要もないが、一言にしていいえば北畠親房《ちか》（一二九三—一三五四）との出会いが彼の運命を決したといってもよかろう。親房、顕信《あき》（?—一三八〇）父子が神宮をたのみとして伊勢にはいったのは延元元年（一三三六）。これを迎えたのは当時外宮二禰宜であった家行神主をはじめ内宮権禰宜荒木田興時らの神宮祠官であった。家行神主にはすでに『類聚《じゅう》神祇本源』十五巻の大著があり（一三二〇）、後醍醐天皇からおほめを賜る光栄にあずかっていた。親房は側近にあって、おそらく家行の人物を敬慕していたものにちがいあるまい。

家行ら勤王の神主たちは北畠父子を助けて軍勢を募り、城を構え、密使を派遣するなど、武家方からいわせると「悪行の条々」は数えきれぬものがあった。高師《こうの》秋の軍勢を飯野郡神山城で撃破したのも、あるいは楠木正行《つら》のもとへひそかに連絡をとったのも、北畠顕能に従って五隻の舟で知多半島に向かった山田一揆衆を指揮したのも、みな家行らの一党であった。

正平四年（一三四九）、いわゆる「悪行」のかどによって家行神主以下一党の神主たちはついにその職を北朝から解任された。そればかりではない。翌年はさらに「資財田宅を没官し、先例によって流刑に処せられたい」と訴えられた。家行は当然のこととして復職を申請したけれども「悪行濫吹」の「凶徒」とされているのであるから、きき入れられるはずはなかった。晩年には腰や膝をうち折って歩行も困難であったらしい。正平六年（一三五一）九六歳をもってその栄光の生涯はとじられた。

本書にたびたび引用した『参詣記』の坂十仏がこの家行神主を訪ねたのは興国三年（一三四二）のことであるが、十仏はその印象を次のように記している。

この人を見るに、霜の眉、雪の鬚、顔気時にあい、心の水、詞の泉、弁舌むかしをうかぶ。まことに大神宮の祠官なりと、ありがたく覚えはべりし……。

皇大神宮の禰宜の中であえて一人だけあげるとすれば荒木田氏経神主であろう。神主についてはかつて宇仁一彦禰宜の執筆によるくわしい伝記が刊行されたので、それを参照しながら述べることにする。

荒木田氏に一門と二門の二流があったことは前に述べたが、この二つの門流は中世からさらに数家にわかれ、一門では沢田、薗田《そのだ》、井面《いのも》、二門では中川、世《せ》木《き》、藤波、佐八《そうち》の家々が禰宜に任ぜられる家柄として重きをなして明治におよんだ。氏経神主は二門の藤波家にうまれて、幼少にして権禰宜となった。

永享四年（一四三二）三一歳で禰宜に補任されたが、このときの事情は氏経の生涯にとって大きな意味をもつもののようである。

その年七月、禰宜の欠員ができたので、氏経の実父氏貫が後任を願い出たが、故実のくわしい藤波家のこの当主は当時京都にあって、ご造営について朝廷の諮問にあずかっているところであったから、禰宜になって伊勢へ帰られては困るので、願いはきき入れられなかった。そこで氏経の養父中川経満権禰宜など七人の競望となった。六代将軍義教《のり》（在位一四二九―四一）は、席次といい年令といい経満が順当であると一応は考えたが、「ただし、神のためには氏経である」ときめて朝廷に執奏した。実父氏貫が推挙した氏経については、「神宮の故実を伝える家」という祭主の副申がついていたために「神のためには」という判断がくだされたのであった。

このたび転任の次第、不慮の儀どもなり。よって殊に信心をこらし、自由の儀をもって神事供奉（を）懈怠すべからずと誓願す。

氏経神主がそののち五六年、生涯を通じてかきつづけた日記『氏経神事記』の第一ページは、こういう誓いのことばではじまっている。そしてこの初心をひたすら守って、あの戦国乱世の中で神宮古来の神事を必死に守りつづけたのであった。

私どもはいま神宮の古儀を知るためには儀式帳や延喜式とともに建久三年（一一九二）につくられた『皇大神宮年中行事』を貴重な史料としているが、この建久年中行事はじつに氏経神主のおかげで今日に伝えられたのである。そこには寛正五年（一四六四）当時における奉仕の実際も書き加えられていて、平安末期から室町時代にかけてのくわしい事情がわかる、これは唯一の記録である。

そのほかにも氏経神主自身が奉仕した遷宮の記録が三つある。『文安二年内宮仮殿遷宮記』『寛正三年造内宮記』『文明十一年風日祈宮遷宮記』がそれで、いずれも氏経が全責任を背負って奉仕したときのものである。

このほかにも氏経のおかげで今日に伝えられた古記録はすべて得がたい資料ばかりで、このことは彼がどんなに神宮の伝統を守ることに熱心であったかを物語っている。

じつは寛正三年（一四六二）の内宮正遷宮《しょうせんぐう》は前回から三一年目になってようやく行われたのであった。前にもかいたように、神領はつぎつぎにその実を失ってゆき、幕府もまた造営料調達の力がなくなってきた時代である。伝統をことのほか尊重した氏経の焦燥と心痛のさまがどんなものであったか。『造内宮記』をよむとその断腸の思いが手にとるように察しられる。

その年十二月二八日の夜は荒祭宮の遷御の儀が行われたが、氏経長官は極度の疲労にたおれてついに奉仕することができなかったという。六一歳といえばかならずしも老体とはいえない身である。どんなに心魂をすりへらしたかがわかる。

彼の晩年には例の応仁の大乱（一四六七―七七）がおこる。さらには神都宇治と山田の地にも土一揆が蜂起する。神人たちも入りみだれて争い、ついには神域までも穢《けが》すことになる。外宮ご正殿ご炎上という一大事がおこったのもこのときであった。

『氏経神事記』文明十八年（一四八六）十二月十五日の条は

予は脚気にて館までもまいらず

という一行の記事があるだけで、これが五十余年間の日記の絶筆である。

皇室ご式微の当時のこととて奉幣のお使いもたえて久しい。禰宜、まして長官たるものとして十二月の月次祭を奉仕できないことは不本意にちがいない。せめて斎館までも、と考えてもそれも脚気《かつけ》のためにかなわないのが現実であった。そう思って読むと、この一行には八五歳の老長官の万感の想いがこめられているようである。あけて十九年正月十二日、氏経は神忠一途《いちず》のその生涯をとじたけれども、その深い祈りは神宮神主の末代までの典型として仰がれている。

人は神のおんまもりにて安穏《あんのん》なることにて候ほどに、いかにも敬神を本《ほん》と候わばいよいよめでたくて候

（氏経神主書翰の一節）

付録

第62回式年遷宮主要諸祭行事一覧

年月日	諸祭行事	
平成17・5・2（2）	山口祭《やまぐちさい》	遷宮造営用材を伐る御杣山の山口に坐す神を祭り伐木搬出の安全を祈る祭。
17・5・2（2）	木本祭《このもとさい》	心御柱の用材伐木にあたり、その木の本に坐す神を祭る。山口祭の夜に行う。
17・6・3	御《み》杣《そま》始《はじめ》祭	御正体（神鏡）をおさめる御樋代《みひしろ》を造る用材伐採の事始の祭。御杣山と定められた長野県上松町の木曽国有林で挙行。（裏木曽の御杣山では御樋代木伐採式を6・5岐阜県恵那郡加子母村で挙行）
17・6・9（10）	御《み》樋《ひ》代《しろ》木奉曳《えい》式	御樋代用の木を陸路運び伊勢市で奉曳式を挙行。
17・9・17（19）	御《み》船《ふな》代《しろ》祭	御樋代をおさめる御船代の用材を伐採する祭。宮域内で挙行。
18・4・21（21）	木《こ》造《づくり》始《はじめ》祭	宮域内で木取り作業の安全を祈る祭。
18・5〜7	御木《おき》曳《ひき》行事（第一次）	旧神領民及び全国数万の崇敬者により御用材を古式通り両宮に奉曳する。

18・5　仮御樋代木伐採式　遷御の際に用いる仮御樋代の用材を伐採するとき、その木の本に坐す神を祭り忌斧を入れる。今回は裏木曽の御杣山で挙行。

19・5〜7　御木曳行事（第二次）

20・4・25（25）　鎮地祭　新宮殿を建造する大地に坐す神を鎮め奉る祭。

21・11・3　宇治橋渡始《わたりはじめ》式　宇治橋を新しく架け替え、その渡り始めの式。

24・3　立柱祭　正殿の御柱を固める祭。

24・3　御形《ごぎょう》祭　両宮正殿の東西の妻の束柱に御形（御鏡形）をうがつ祭。

24・3　上棟祭　正殿の棟木を揚げる祭。

24・3　檐付《のきつけ》祭　正殿の屋根の萱をふきはじめる祭。

24・7　甍《いらか》　祭　正殿屋根の甍に金物を打つ祭。

25・8　お白石持《しらいしもち》行事　新宮の御敷地に敷きつめる「お白石」を伊勢の旧神領民をはじめ、全国の「特別神領民」の人々が奉献する行事。

25・9・17（19）　御戸《みと》祭　正殿の御扉を付け終わる祭。

25・9・17（19）　御船代奉納式　御船代を新宮の正殿に奉納する。

25・9・24（26）　洗　清《あらいきよめ》　新宮のすべてを洗い清める。

25・9・25（27）　心御柱奉建　正殿中央床下に心御柱を奉建する。夜間の秘儀。

25・9・28（29）　杵築祭《こつきさい》　新宮の宮地を固める祭。

25・10・1（4）	後《ご》鎮《ちん》祭	新宮の竣功により、安らかに守護あらんことを大地に坐す神に祈る祭。
25・10・1（4）	御装束神宝読合《とくごう》	前例のままに調進して新宮におさめる御装束神宝を照合する式。
25・10・1（4）	川原《かわら》大祓《おおはらい》	御装束神宝をはじめ遷御に奉仕する祭主以下楽師までの奉仕者が五十鈴川御手洗場の脇（外宮は御池の北）の祓所で大祓をうける。
25・10・2（5）	御《お》飾《かざり》	新しく調進した御装束で新宮を装飾する。
25・10・2（5）	遷《せん》御《ぎょ》	陛下から仰せ出された日の夜、大御神が新宮にお遷りになる。
25・10・3（6）	大御《おおみ》饌《け》	遷御の翌日、奉幣に先立ちはじめての大御饌をおすすめする。
25・10・3（6）	奉《ほう》幣《へい》	遷御の翌日、勅使が新宮の神前に幣帛を奉奠し祭文を奏す。
25・10・3（6）	古《こ》物渡《もつわたし》	遷御の翌日、古殿に奉納してあった神宝類を新宮に移す。
25・10・3（6）	御《み》神《か》楽《ぐら》御饌	遷御の翌日、神楽を奉納する前に大御饌を奉奠する。
25・10	御神楽	陛下の思召しにより、宮中のみかぐらと秘曲を宮内庁楽部を差遣して神前に奉納される。
25・10・10	荒祭宮遷御	翌日は奉幣の儀が行われる。
25・10・13	多賀宮遷御	翌日は奉幣の儀が行われる。

（カッコ内の数字は豊受大神宮の日付）

神宮祭典及び恒例式一覧

祭典	祭儀・式	月日	時刻	祭場
神嘗祭附属の祭典と儀式 （ ）内は月次祭附属	御園祭	春分	一〇時	御園（二見町溝口）
	神田下種祭	四、上旬	九時	神田（伊勢市楠部町）
	御田植初	五、上旬	九時	神田（同）及び大土御祖神社域内
	抜穂祭	九、上旬	一〇時	神田（同）
	御酒殿祭	（六、一） 一〇、一 （一二、一）	一〇時	御酒殿神（皇大神宮域内）
	大祓	（五、三一） 九、三〇 （一一、三〇）	（一六時） 一六時 （一五時）	皇大神宮第一鳥居内祓所
	御塩殿祭	一〇、五	一〇時	御塩殿神社（二見町荘）

祭典	行事	日	時刻	場所
神嘗祭 一〇、一五—一七	御卜	六、一五 九、一五 一二、一五	六月は一八時 九月は一七時 十二月は一六時	皇大神宮中重　これよりさき興玉神祭
	由貴夕大御饌	同、一五	二二時	豊受大神宮。正宮おわりて多賀宮、御酒殿神以下二社
月次祭 六、一五—一七	由貴朝大御饌	同、一六	二時	同　右
	奉幣		一二時	豊受大神宮。正宮おわりて多賀宮
	御神楽（神嘗祭のみ）		一八時	豊受大神宮（四丈殿）
	由貴夕大御饌		二二時	皇大神宮。正宮おわりて荒祭宮・滝祭神 興玉神以下七社
月次祭 一二、一五—一七	由貴朝大御饌	同、一七	二時	同　右
	奉幣		一二時	皇大神宮。正宮おわりて荒祭宮
	御神楽（神嘗祭のみ）		一八時	皇大神宮（四丈殿）
	奉幣	同、一八	一〇時	興玉神以下七社。御酒殿神以下二社
	由貴夕大御饌		二二時	月読四宮。土宮、月夜見宮
	由貴朝大御饌	同、一九	二時	同　右
	奉幣		三時	滝祭神
				九時、大御饌・奉幣園相神社以下五社 大間国生神社以下十一社

同		一〇時	月読四宮、土宮、月夜見宮	
由貴夕大御饌		二二時	朝熊神社以下三社、草奈伎神社	
由貴朝大御饌	同、二〇	二時	同右	九時、鴨神社以下六社
奉幣		一〇時	同右	度会大国玉比売神社以下一〇社
	同、二一			九時、湯田神社以下五社
由貴夕大御饌	同、二二	二二時	滝原宮、滝原並宮	九時 多岐原神社 大土御祖神社以下九社 神麻続機殿神社以下一八社 赤崎神社
由貴朝大御饌	同、二三	二時	同右	九時、堅田神社以下六社
奉幣		一〇時	同右	
由貴夕大御饌	同、二四	二二時	伊雑宮、風日祈宮、倭姫宮、風宮 佐美長神社以下	
由貴朝大御饌	同、二五	二時	同右	
奉幣		一〇時	同右	

	大祓	一、三一（一〇、三一）	一五時	皇大神宮第一鳥居内、祓所
祈年祭 二、一七—二三 新嘗祭（一一、二三—二九）	大御饌	二、一七（一一、二三）	四時	豊受大神宮 正宮おわりて多賀宮、御酒殿神以下二社
	奉幣		七時	豊受大神宮 正宮おわりて多賀宮
	大御饌		一一時	皇大神宮 正宮おわりて荒祭宮、滝祭神、興玉神以下七社
	奉幣		一四時	皇大神宮 正宮おわりて荒祭宮
	大御饌	二、一八（一一、二四）	八時	月読四宮、土宮、月夜見宮
	奉幣		八時	滝祭神
	同		一〇時	月読四宮、土宮、月夜見宮
	大御饌	二、一九（一一、二五）	八時	朝熊神社以下三社、草奈伎神社
	奉幣		一〇時	同右
	同			興玉神以下七社、御酒殿神以下二社 九時、大御饌奉幣園相神社以下五社 多岐原神社 大間国生神社以下一社
	大御饌		八時	滝原宮、滝原並宮、伊雑宮、風日祈宮、倭姫宮、風宮

奉幣	二、二〇（一二、二六）	一〇時	同右
			九時、鴨神社以下六社、度会大国玉比売神社以下一〇社
	二、二一（一二、二七）		十時、湯田神社以下五社
	二、二二（一二、二八）		九時、大土御祖神社以下九社 神麻続機殿神社以下一八社 赤崎神社
	二、二三（一二、二九）		九時、堅田神社以下六社
神御衣祭附属祭典及び恒例式			
大祓	四、三〇	一五時	皇大神宮第一鳥居内、祓所
神御衣奉織始祭	五、一 一〇、一	八時	神服部織機殿神社（松阪市大垣内町）神麻続機殿神社（松阪市井口中町）
神御衣奉織鎮謝祭	五、一三 一〇、一三	八時	同右
神御衣祭			
	五、一四 一〇、一四	一二時	皇大神宮 正宮おわりて荒祭宮
		五時	豊受大神宮

風日祈祭		五、一四 八、四	九時	正宮おわりて多賀宮、土宮、月夜見宮、風宮、草奈伎神社、御酒殿神以下二社 摂社以下遥祀（九丈殿） 皇大神宮 正宮おわりて荒祭宮、月読四宮、風日祈宮、倭姫宮、滝祭神、興玉神以下七社、 摂社以下遥祀（五丈殿）
			一〇時	滝原宮、同並宮、若宮神社以下三社 伊雑宮、佐美長神社以下五社
歳旦祭	大御饌	一、一	四時 （天長祭は七時）	豊受大神宮 正宮おわりて多賀宮、土宮、月夜見宮、風宮 草奈伎神社、摂社以下遥祀（九丈殿） 御酒殿神以下二社
元始祭	大御饌	一、三	七時 （天長祭は一〇時）	皇大神宮 正宮おわりて荒祭宮、月読四宮、風日祈宮、倭姫宮、 滝祭神 朝熊神社以下三社、摂社以下遥祀（五丈殿）興玉神以下七社
建国記念祭	大御饌	二、一一		
天長祭	大御饌	一二、二三	八時	滝原宮、滝原並宮、伊雑宮、佐美長神社

			（天長祭は二時）	以下五社
日別朝夕大御饌祭	大御饌	四、一—九、三〇 一〇、一—三、三一	八時　一六時 九時　一五時	御饌殿（外宮御垣内）
恒例式	昭和天皇祭	一、七	八時	皇大神宮第一鳥居内祓所
	遥拝			
	春季皇霊祭	春分		
	遥拝			
	神武天皇祭	四、三		
	遥拝			
	秋季皇霊祭	秋分		
	遥拝			
	大祓	六、三〇 一二、三一	一六時 一五時	同右

〈注〉

1. 月読四宮は月読宮、月読荒御魂宮、伊佐奈岐宮、伊佐奈弥宮を総称する。
2. 御酒殿神以下二社は豊受大神宮所管社御酒殿神、四至神以上二所を示す。
3. 興玉神以下七社は皇大神宮所管社興玉神、宮比神、屋乃波比伎神及び御酒殿神、御稲御倉神、由貴御倉神、四至神以上七所を示す。
4. 朝熊神社以下三社は朝熊御前神社、鏡宮神社をふくむ。

一、右のほか、神楽殿においては次の日に神楽が奉奏される。
成人祭（一、一五）　御鍬祭（立春の日）　海幸祭（二、一一）　神楽祭（四、五〜七及び秋分の日）
蚕糸祭（四、一五）　児童福祉祭（五、五）
いずれも時刻は、外宮神楽殿八時、内宮神楽殿一〇時。だれでも自由に登殿して奉拝することができる。

二、神楽大麻暦に関しては次の祭典が行われる。
大麻暦奉製始祭（一、八）大麻用材伐始祭（四月中旬丸山祭場）　大麻暦奉製終了祭（一二、二〇）　大麻修祓式（随時）。以上神宮司庁頒布部祭場にて。

大麻暦頒布始祭（九、一七）　大麻暦頒布終了祭（三、一）　以上内宮神楽殿にて。

神宮官職対照表

明治以前

所属	官名	延喜式による定数（大神宮）	延喜式による定数（度会宮）
神祇官	祭主	一	
大神宮司	大宮司	一	
大神宮司	少宮司	一	
伊勢の大神宮	禰宜	一	一
伊勢の大神宮	大内人	四	四
伊勢の大神宮	物忌	九	六
伊勢の大神宮	物忌父	九	六
伊勢の大神宮	小内人	九	八
伊勢の大神宮	別宮内人	九	二
伊勢の大神宮	同物忌	四	一
伊勢の大神宮	同物忌父	四	一

明治以後終戦まで

所属	官名	定数
内務省所轄	祭主	一
神宮司庁	大宮司	一
神宮司庁	少宮司	一
神宮司庁	禰宜	一一
神宮司庁	権禰宜	二〇
神宮司庁	宮掌	四〇
神宮司庁	伶人	選任九　兼任九

現在

所属	職名	定数
宗教法人 神宮	祭主	一
宗教法人 神宮	大宮司	一
宗教法人 神宮	少宮司	一
宗教法人 神宮	禰宜	一二
宗教法人 神宮	権禰宜	二〇
宗教法人 神宮	宮掌	四〇
宗教法人 神宮	楽師	二〇

備考

現制度では、祭主は勅旨を奉じて定める。大宮司は勅裁を仰いで定める。少宮司以下の任免は大宮司が行う。

注
1. 本表には祭祀に直接奉仕する者をあげた。
2. 中段の定数は昭和二〇年現在による。
3. 下段の定数は平成九年六月現在である。

付記

1．神宮司庁（中段）には本表のほかに、衛士長、技師、衛士副長、技手、衛士、森林監守などの職員がいた。
また、国民の奉賽をとり扱う神宮神部署が併置せられ、神職（三〇人）伶人（一一人）その他の職員がいた。

2．現在は本表（下段）のほかに、参事、技監、衛士長、主任主事、楽長、衛士副長、主任技師、主任学芸員、主任教諭など専任者八十余人があり、そのほか、雇員、嘱託員、傭員及び神宮司庁造営局の職員現業員をあわせると約六〇〇人が日々奉仕をしている。

別宮・摂社一覧表

皇大神宮の別宮

1	荒《あら》祭《まつりの》宮《みや》	皇大神宮域内
2	月《つき》読《よみの》宮《みや》	伊勢市中村町
3	月《つき》読《よみ》荒《あら》御《み》魂《たまの》宮《みや》	月読宮同域
4	伊《い》佐《ざ》奈《な》岐《ぎの》宮《みや》	同右
5	伊《い》佐《ざ》奈《な》弥《みの》宮《みや》	同右
6	滝《たき》原《はらの》宮《みや》	度会郡大宮町大字滝原
7	滝《たき》原《はらの》並《ならびの》宮《みや》	滝原宮同域
8	伊《い》雑《ざわの》宮《みや》	志摩郡磯部町大字上之郷
9	風《かざ》日《ひ》祈《のみの》宮《みや》	皇大神宮域内
10	倭《やまと》姫《ひめの》宮《みや》	伊勢市楠部町

皇大神宮の摂社

11	朝《あさ》熊《くま》神社	伊勢市朝熊町
12	朝《あさ》熊《くま》御《み》前《まえ》神社	朝熊神社域内
13	園《そ》相《ない》神社二座	伊勢市津村町
14	鴨《かも》神社二座	度会郡玉城町山神
15	田《た》乃《の》家《え》神社	度会郡玉城町矢野
16	田《た》乃《の》家《え》御《み》前《まえ》神社	(田乃家神社御同座)
17	蚊《か》野《の》神社	度会郡玉城町蚊野
18	蚊《か》野《の》御《み》前《まえ》神社	(蚊野神社御同座)
19	湯《ゆ》田《た》神社二座	度会郡小俣町湯田
20	大《おお》土《つち》御《み》祖《おや》神社	伊勢市楠部町
21	国《くに》津《つ》御《み》祖《おや》神社	大土御祖神社同域
22	朽《くち》羅《ら》神社	度会郡玉城町原
23	宇《う》治《じ》山《よう》田《だ》神社	伊勢市中村町
24	津《つ》長《なが》神社	伊勢市宇治今在家町

25	堅《かた》田《だ》神社	度会郡二見町大字江
26	大《おお》水《みず》神社	伊勢市宇治今在家町
27	江《え》神社	度会郡二見町大字江
28	神《こう》前《ざき》神社	度会郡二見町大字松下
29	粟《あわ》皇《み》子《こ》神社	同右
30	川《か》原《わら》神社	伊勢市佐八町
31	久《く》具《ぐ》都《つ》比《ひ》売《め》神社三座	度会郡度会町上久具
32	奈《な》良《ら》波《は》良《ら》神社	度会郡玉城町宮古
33	棒《すぎ》原《はら》神社二座	度会郡玉城町上田辺
34	御《み》船《ふね》神社	多気郡多気町大字土羽
35	坂《さか》手《て》国《く》生《なり》神社	度会郡玉城町上田辺
36	狭《さ》田《た》国《く》生《なり》神社	度会郡玉城町佐田
37	多《た》岐《き》原《はら》神社	度会郡大宮町大字三瀬川

豊受大神宮の別宮

一	多《た》賀《かの》宮《みや》	豊受大神宮域内
二	土《つちの》宮《みや》	同右
三	月《つき》夜《よ》見《みの》宮《みや》	伊勢市宮後町
四	風《かぜの》宮《みや》	豊受大神宮域内

豊受大神宮の摂社

五	草《くさ》奈《な》伎《ぎ》神社	伊勢市常磐町
六	大《おお》間《ま》国《く》生《なり》神社二座	同右
七	度《わた》会《らい》国《くに》御《み》神社	豊受大神宮域内
八	度会《わたらい》大国玉比売《おおくにたまひめ》神社	同右
九	田《たの》上《え》大《おお》水《みず》神社	伊勢市藤里町
一〇	田上《たのえ》大水《おおみず》御前《みまえ》神社	田上大水神社同域
一一	志《し》等《と》美《み》神社	伊勢市辻久留町
一二	大《おお》河《こう》内《ち》神社	志等美神社同域
一三	清《きよ》野《の》井《い》庭《ば》神社	伊勢市常磐町

一四	高《たか》河《か》原《わら》神社	月夜見宮域内
一五	河《か》原《わら》神社	度会郡御薗村大字新開
一六	河《か》原《わら》淵《ぶち》神社	伊勢市船江町
一七	山《やま》末《ずえ》神社	豊受大神宮域内
一八	宇《う》須《す》乃《の》野《の》神社	度会郡御薗村大字高向
一九	御《み》食《け》神社	伊勢市神社港
二〇	小《お》俣《ばた》神社	度会郡小俣町小俣

〔**著者略歴**〕
明治四十二年島根県に生まれる。昭和六年神宮皇學館卒業。三十年より伊勢神宮勤務。神宮禰宜・多賀大社宮司・芦屋大学教授・神社本庁総長を経て皇學館大学理事長。著書に『日本神道論』（共）『カミ・くに・人』『伊勢神宮の祖型と展開』『神道研究ノート』など。他に神宮関係の論文多数がある。学術博士。一九九五年、勲三等瑞宝章を授与、二〇〇五年永眠。

本書は2013年12月に刊行した『伊勢神宮』［第三版］の一部を訂正し「学生社 日本の神社シリーズ」として刊行するものです。

1969年 5月15日 第一刷初版発行
1998年 4月15日 改訂版初刷発行
2013年12月25日 第三版初刷発行
2019年 1月25日 シリーズ版発行

伊勢神宮 学生社 日本の神社シリーズ

著 者 桜井《さくらい》勝《かつ》之《の》進《しん》
発行者 宮田哲男

発行所 株式会社 学生社
〒102-0071 東京都千代田区富士見2-6-9
TEL 03-6261-1474／FAX 03-6261-1475
印刷・製本／株式会社ティーケー出版印刷

ISBN 978-4-311-80107-5 C0021
N.D.C.175 240p 20㎝